普天之下．盡是好書

普天出版家族
Popular Press Family

凌雲文創
A-Plus Creative Company

表達你的意思

罵人不必帶髒字

幽默回應篇

美國作家豪說：「在蠻荒的古代，人們用斧頭相鬥，文明人埋掉了斧頭，他們的格鬥，靠的是舌頭。」

在用舌頭當武器的人性戰場上，如果，你想要「開罵」，不一定要出口成「髒」，不妨用「罵人不帶髒字」的方式進行調侃、反諷。幽默的說話方式，不僅可以爲彼此留下餘地，避免爆發衝突，而且更能發揮效用。
「罵人不帶髒字」的說話方式，是聰明人的回馬槍，往往能一槍刺中要害，讓對方認清自己的謬誤。

文彥博 編著

•出版序•

罵人不帶髒字的幽默智慧

在現代的日常生活中，我們屢屢見到令人不滿或生氣的事情，這時，「罵人不帶髒字」的批評方式就可派上用場。

隆巴迪曾經寫道：「用嘴巴罵人，每個人都會，但是用腦筋罵人，就不是每個人都具備的本事。」

如果你光會用嘴巴罵人，通常會口不擇言，讓被罵的人認爲你滿腦子偏見又沒有修養，但是，如果你懂得動腦筋罵人，卻會讓被罵的人認爲你「對事不對人」，罵得很有道理。

罵人不一定要用髒話，開罵之前，一定要先動點腦筋，既指出對方的錯謬，又不致讓對方惱羞成怒。

荷姆斯曾經寫道：「誇人只需要舌頭，罵人卻需要智慧。」的確，鐘的完美不在於走得快，而在於走得準確；罵人的話不在於髒，而是在於是否切中被罵人的要害……

漢武帝即位之後，開始討厭撫養自己長大的乳娘，嫌她好管閒事，事無大小都囉哩囉嗦，後來便決定將她趕出宮外。

乳娘在皇宮住了幾十年，當然不願離開宮廷生活，在無可奈何的情況下，便向漢武帝身邊的紅人東方朔求助，希望他能幫忙說些好話緩頰。她把事情告訴東方朔後，東方朔安慰她說：「這沒什麼困難，只要妳向皇上辭行的時候，回頭看皇上兩次，我就有辦法了。」

東方朔以機智幽默著稱，是清朝大文人紀曉嵐最推崇的人物。他深知漢武帝是乳母一手撫養大的，乳母對他的恩情勝似生母。但是，乳母也有不是的地方，喜歡多嘴饒舌，尤其是漢武帝即位後，已經貴為一國之君，她卻不知收斂，常常毫不客氣地指出他的缺失，使得他下不了台階。

但不管怎樣，乳母終究是乳母，雖有小過錯，還不至於非把她趕出去不可，因而東方朔決意幫助乳母。

到了送乳娘出宮的日子，乳娘叩別漢武帝之後，滿眼淚水，頻頻回頭向武帝看幾次。

這時，東方朔乘機大聲說：「喂！乳娘，妳點快走吧！皇上早已經長大，用不著妳餵奶了，妳還擔心什麼呢？」

漢武帝一聽到此話，心弦不禁一震，感到十分難過，想起自己是乳母餵養長大的，而且她又沒犯什麼重大過錯，就立刻收回成命，讓她繼續留在宮中。

東方朔不愧是處理人際關係的高手，如果他直接向漢武帝進諫，搞不好會使漢武帝惱羞成怒，反而把事情弄得更糟。

他採用「指桑罵槐」的策略，輕鬆地達成目的，可謂「罵人不帶髒字」。

其實，在現代的日常生活中，我們也屢屢見到令人滿或生氣的事情，然而，在某些公衆場合，或因爲事情的敏感性，或涉及某些身貴名顯的人，或考慮到別人的自尊心，不便公開地直接罵人，這時，「罵人不帶髒字」的批評方法就可以派上用場。

當然，罵人並不是面對事情的最好方式，有時以讚美、鼓勵的方式來激發對方的優越心理，也是不錯的「滲透」方式。

我們在日常的社交活動中，總難免遇到一些令人難堪的窘境和難以回答的問題。這時候該如何說話最恰當？

大原則應該是明辨事理，說話得體；該直言則直言，該含糊就含糊，該超脫就超脫。總之，從實際出發，視情況而定。但是，有一點要特別注意：當有人故意給你難堪，並使你的感情受到傷害，你可不要只顧著氣憤，更不要大發雷霆去硬碰硬，那樣只會使矛盾激化，鬧得兩敗俱傷。

當然，你也不可只張口結舌、滿臉羞紅，使對方覺得你軟弱可欺，那樣他可能會變本加厲地嘲弄你。

你必須頭腦冷靜地控制自己的情緒，運用語言的藝術，尤其是以急中生智的幽默感去對付。

「罵人不帶髒字」的幽默智慧，是社交的救生圈。

英國作家司各特曾經在《雜文集》裡寫道：「充滿機智的幽默是多麼艷麗的服飾，又是何等忠誠的衛士！它遠遠勝過詩人和作家的智慧，它本身就是一種才華，能夠杜絕所有的愚昧。」

當然，也可能對方並非惡意，有時候是無心之過。不論如何，你應該牢記的是，無論遇到哪種情況，「保持冷靜」的大原則是恰當得體。

最高明的罵人方式就是不帶任何髒字，但所說的話卻比髒話還要有效。想到達這個境界，關鍵就在於是否懂得罵人的藝術。

•本書是《罵人不必帶髒字：為人處世篇》全新增訂版，謹此說明

PART 2

多說好話，就可以減少摩擦

想規勸他人，要少一點針對，也要少一點嚴苛的指責，最簡單的方式就是多站在對方角度去思考問題，多體貼對方的感受。

PART 3 用舌尖代替刀劍

征服一個人，以至於征服一群人，用的往往不是刀劍，而是舌尖。「有話好說」，仍是我們必須窮一生來學習的藝術。

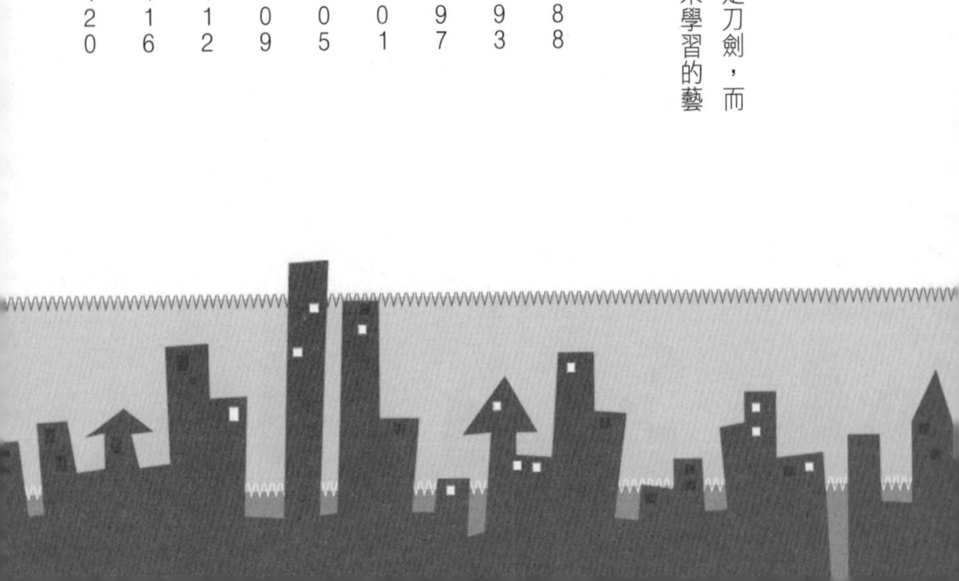

PART 4

與其獻醜，不如藏拙

一個人的優越與否絕對不是光憑嘴上功夫就能展現的，如果你真的夠好，不用你自己說，別人也會看得出你的好。

PART 5

拐彎抹角，才會罵得漂亮

蘇東坡文采飛揚，罵人不帶個髒字，讓老僧自取其辱，還不知道是怎麼一回事。如果你自認為有蘇東坡的文采，當然可以暢所欲言。

PART 6

教訓投機取巧的小人

投機取巧的人一般嘴甜、心細、臉皮厚，即使是做錯了事，也往往會把責任轉嫁和推卸到其他人身上去。

PART 7

有技巧的批評才能發揮效用

批評的目的應是讓對方了解錯誤並進行改正。因此，成功的批評應該在不損對方自尊心的情況下，使對方心甘情願地接受你的建議。

PART 8

先打一巴掌，再給一顆糖

在言語上，你應該巧妙地讓下屬感覺到你的關懷，使他不對你記恨，而是把你的批評看作為一種激勵、一種鞭策。

PART 9

換一種說話方式去罵人

在現代的日常生活中，我們屢屢見到令人不滿或生氣的事情，這時，「罵人不帶髒字」的批評方式就可派上用場。

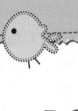

PART 10

用冷靜的態度面對他人的意見

大部分的人對來自他人的建言，常常聽而不聞。總要到了雙腳已經踏空，才能恍然大悟。

PART 11

不要成為問題惡化的幫凶

很多時候自己就是促成問題惡化的幫兇，當他人對我們出聲否定時，應該想的不是人們的偏見與狹隘，而是要仔細想想並看清自己的不足。

PART 1

發揮幽默感，讓批評更婉轉

對這個世界來說，中肯善意的批評是極為重要的。但是，如果能用辭委婉、善用幽默地批評，批評者也可以少惹些麻煩了。

面對惡意，試著用幽默反擊

當惡意來襲，以惡意對抗惡意是最差的策略，不如用機智幽默的方式反擊，這才是最高明的做法。

日常生活中，總難免會遇上麻煩；惱人的是，有些麻煩是有人故意找碴。在這種情況下，和對方一般見識，不但貽笑大方，也顯得自己沒有度量；如果置之不理，萬一對方不知見好就收，擺明了想看你鬧笑話，心裡當真很難嚥得下那口氣。

這時候，最好的方法，就是不動聲色地以幽默思維反駁回去，讓對方落入自己設下的陷阱，如此就能既出氣又不失風度了。

在小獵犬號上撰寫《物種原始》，以進化論在人類發展史與生物理論上造成劇烈變動的著名生物學家查理．羅勃．達爾文，有一年曾經到一位隱居鄉間的朋友家中作客。

當時，友人的兩個小孩都知道這個客人是一位有名的生物學家，也聽過不少達爾文的事蹟，因而忍不住小孩子的好奇心，想要故意捉弄達爾文，看看他到底會作何反應。

這兩個小孩在園子裡抓了一隻蝴蝶、蚱蜢、一隻甲蟲、一條蜈蚣，接著拆下蝴蝶翅膀，然後接上蜈蚣的身體，又拔下蚱蜢的腿和甲蟲的頭，全都連接在一起，拼成了一隻看起來四不像的昆蟲。

他們把這隻奇形怪狀的昆蟲

放在盒子裡，帶著捉弄的表情一起來到達爾文的房間。其中一個孩子說：「達爾文先生，我們在花園裡抓到了這隻蟲，您能不能告訴我們，這蟲到底是屬於哪一種類的昆蟲呢？」

達爾文自然一下子就看出這兩個孩子在玩什麼花樣，於是他面帶微笑地說：「孩子們，你們可曾留意牠在被你們抓到時會不會叫？」

兩個孩子你看我、我看你，推來推去之後，其中一個總算開口說：「會叫的，達爾文先生。」

「這樣啊，」達爾文神情愉悅地回答說：「那麼，我想這是屬於一種『叫蟲』。」結果，兩個孩子一時間目瞪口呆，被達爾文唬得一愣一愣的。

生物學上的分類法則，就是以生物的特徵進行歸類與區分；而所謂的分類，就是從整體之中找尋出個別的特徵，再將相同與相似的特徵予以歸類。從整體之中，我們可以演繹出不同的分類；而在不同類別中，我們也同樣能推估出整體。那麼，只要是會叫的蟲，當然都可以稱之爲「叫蟲」囉！

達爾文便是運用這樣的科學事實，將孩子們的惡作劇轉換爲幽默，把玩笑開回去。如此既不傷大雅，又暗地裡教訓了兩個不知天高地厚的小鬼，說不定還能引發他們對生物科學的興趣與好奇，可說是一舉多得。

日常生活中，我們難免會遭受刁難，對方可能會在雞蛋裡挑骨頭，想在菜頭堆裡買饅頭，這些舉動的目的，往往是要來找麻煩的。不論是假意迎合附和或強硬對抗，都可能恰好落入對手的陷阱裡。

面對惡意的挑釁時，你雖然可以選擇閃避，更可以選擇主動出擊，利用幽默營造出來的曖昧空間，制敵機先，使得對手沒有進一步下手的機會。

當惡意來襲，以惡意對抗惡意是最差的策略，不如學學達爾文，先處理自己的心情，再用機智幽默的方式反擊，這才是最高明的做法。

發揮幽默感，讓批評更婉轉

對這個世界來説，中肯善意的批評是極為重要的。但是，如果能用辭委婉、善用幽默地批評，批評者也可以少惹些麻煩了。

人類不會只有一種思考的方式，也不會只有一種做事的方法，這是人類得以創建這個多彩多姿的世界的一大主因。可惜的是，這也是人類世界紛爭不斷的一大主因，因爲很多人不懂得接納不同的想法與做法。

批評的言語隨時都可能脫口而出。有些批評是壞的，例如當你存心想傷害對方的時候，這時的批評就實在要不得；當然有些時候，批評是好的，因爲你期望對方進步，也期望未來會更好，你的出發點是好的，目的也是正確的。

但是，沒有多少人喜歡聽批評的言辭，不管是好的，還是壞的。所以，我們應該小心選擇批評的手法。

方法對了，即使是再嚴厲的批評，也能讓對方考慮接受。

試著發揮自己的幽默感，你就可以批評得很婉轉。

德國微生物學家羅伯特．科赫，曾經為了研究一種昏睡病而特地前往非洲考察。他發現那種病是由一種微生物造成的，人一旦罹患這種病，就會整天昏昏欲睡、神智不清，直到死亡都保持這種狀況。

考察回國之後，科赫被邀請到國會說明他考察的結果。

當時他到得早了點，於是被安排在接待處等候某位高級官員接見。這

時，剛好大廳裡正在召開國家預算委員會，議員們正忙著審核年度預算，於是科赫便在一旁聆聽會議的進行。

或許是因為工作太累，或許是因為輕忽自己的職責，議會中有好幾位議員竟然幾乎從頭睡到尾，完全怠忽自己的職守。

後來，科赫正式發表報告時，忍不住說：「我認為，我在非洲考察團裡歷經千辛萬苦後才得到成果的做法，根本是沒有必要的。因為昏睡病的案例，其實在德國就能得到。只要觀察一下國家預算委員會會議上，許多位議員先生的作為就能明白了……」

科赫的言下之意，相信很多人都聽得出來。他當然是在指責那些領錢打瞌睡的議員們，他當然是在嘲諷議員們怠忽職守，竟然在國會殿堂上大睡特睡。除非推斷他們得了「昏睡症」，否則將如何爲他們的行爲開脫呢？

那些議員們聽見這番話後，可能會羞得滿臉通紅，但嘴裡卻是一句埋怨也不敢說出口，畢竟是自己理虧在先，只得任人消遣；一旦出言反擊，很容易變成對號入座，豈不成了「此地無銀三百兩」？

科赫的幽默感，不但讓自己的報告達到風趣開場的目的，同時也為自己心裡的不滿出了口氣，若是真能從此改善國會的議事風氣，更是功德一樁。

批評不全然是壞事，因為人想要進步，就需要廣納建言，才能改善自己的盲點。可是既然「忠言逆耳」，也就表示即使是最善意的批評，還是可能會給人帶來痛楚。因此，要如何既讓對方接納自己的建議，同時又不傷害雙方的情誼，恐怕得多費點心思多想想。

對這個世界來說，中肯善意的批評是極為重要的。但是，如果能用辭委婉、善用幽默地批評，批評者也可以少惹些麻煩了。

將難聽的話留在嘴裡

應該在惡言出口之前，三思再三思。就算有些架非吵不可，還是要提醒自己將難聽的話留在嘴裡。

格拉寧在《婚後》中寫道：「爭吵是很容易忘卻的，但是爭吵中的發洩，卻留下了難以消除的痛苦。」

其實，這種現象又豈止在婚姻裡如此，我們生活中的每一種人際關係，都可能因爲爭吵對立而破裂。

爭吵的時候，有的人以爲自己是在爭論一個道理，或許眞理眞的是越辯越明，但是，很多人辯到了最後，哪裡是在辯論事理呢？只不過是淪爲情緒性的相互攻訐，互揭瘡疤罷了。

這種現象遇上了各種選舉期間，更是層出不窮，讓人不免覺得生在這個社會，還不得不訓練自己吵架的本領，如果不能拍踢桌子大罵幾句，甚至冷言諷刺，彷彿就會被人看扁了似的。

所以，你吵我就吵得比你更大聲，一時之間，整個社會全充斥了你罵我、我罵你的聲音，沒有一個是好人。

吵架是一個危險的行動，因為在那樣情緒激動的時候，許多你原本不打算說的話，都會以最惡劣的形式脫口而出。

有位富婆氣焰囂張地在一家高級餐廳裡，不停抱怨著這樣不對，那樣不好，侍者尊重顧客，不敢發怒地站在一旁聽她抱怨。

但是，富婆絲毫沒有作罷的打算，反而得寸進尺，高傲地指著一道菜說：「你說，這叫作食物？我看連豬都不會吃！」

被罵得心有不甘的侍者終於按捺不住，冷冷地說：「是這樣嗎？那麼，我去替您弄點豬吃的來。」

這種口出惡言、反唇相譏的例子，也經常出現在現代的婚姻生活之中，以下就是一個例子。

丈夫聽了不中意的話，指責說：「妳講話起來就好像我是一個白癡。」

太太反唇相譏：「你難道不曉得只有這樣，你才會懂？」

「拿去洗衣店的襯衫拿回來了嗎？」過了一會，丈夫沒好氣的問。

「我是你什麼人，女傭嗎？」妻子回答。

「當然不是，」丈夫逮到機會，頂了回去：「妳如果是女傭的話，至少應該懂得怎樣洗衣服。」

兩個例子，都是不懂說話藝術的最佳例證，也道盡了現代人典型的交往模式，要嘛心無善意，要嘛不懂寬容。

我們經常掉進一個陷阱，就是爭論必有輸贏，總之一定要吵出個誰對誰錯，每個人都堅持己見，絲毫不肯退讓，即使罵盡對方祖宗十八代也在所不惜。極盡嘲諷、刻薄的言語全數出籠，傷人也自傷，何必呢？

富婆勝過侍者的只是錢罷了，並不代表她就可以仗恃著自己有錢就對人頤指氣使，別人不見得要忍受她的氣焰，不是嗎？

至於侍者，大可以請她離開這個令她感到不愉快的地方，而不見得要出言嘲諷，反降低了自己的格調。

夫妻之間更應該和睦相處，既不能把在外頭所受的怨氣帶回家裡，也不必在言語上爭強鬥勝，否則婚姻關係就難以維持下去。

看輕他人的人，終究也會被人看輕。

惡毒的語言就像一種毒素，它能將人與人之間的任何好的連結，全數侵蝕殆盡。很多人只知道「得理不饒人」、「火上澆油」，吵到最後，彼此之間只剩下嫌惡與憎恨。

如果人與人之間往返的都是憎惡與仇恨，我們還有心靈安寧之日嗎？我們還能創造出任何美的事物嗎？

不能的，因爲醜惡的心所造就的，是醜惡的世界。

既然言語的能力來自於思考的能力，我們就應該在惡言出口之前，三思再三思。就算有些架非吵不可，還是要提醒自己發揮幽默感，將難聽的話留在嘴裡，這是爲人處世最基本的氣度。

紀伯倫說：「讓愛成為靈魂兩岸之間流動的海洋。」應對進退的時候，唯有改變彼此針鋒相對的態度，才能讓人與人之間的關係以愛相繫，而非以恨連結。

放低姿態不代表失敗

不用急於告訴別人自己有多好，只要夠好，別人一定看得到；也不用告訴別人他有多差，因為他自己會露出馬腳。

不知道大家有沒有發現，當我們的膝蓋略略彎曲，將身體重心平均放於兩腳，我們移動的速度會比兩腳筆直站立時來得快速。這代表著，我們面對攻擊時，以這樣的姿態回防，反應力也會比較高。

要練武術，首先得學紮馬步，馬步踩得穩，別人就攻不了你的下盤；馬步虛浮，輕輕一推一絆，就得摔得狗吃屎了。

在跆拳道裡有個招數，就是當攻擊迎面而來的時候，立刻屈膝低頭，閃過對方的拳頭飛腿，然後趁對方來不及防備時朝他的腳一掃，如果對方反應不足或馬步不穩，就會即刻倒地。

可見，偶爾放低姿態不見得就代表認輸，而是以另一種方式還擊。

崢嶸一時的前英國首相丘吉爾退出政壇後，有一次騎著腳踏車在路上閒逛。恰巧，也有一位女士騎著腳踏車，從另一個方向急駛而來，由於煞不住車，直直地撞上了丘吉爾。

「你這個糟老頭到底會不會騎車？」這位女士惡人先告狀地破口大罵：「騎車不長眼睛嗎？……」

丘吉爾溫和地道歉：「對不起！對不起！我還不太會騎車，看來您已經學會很久了，對不對？」

這位女士見對方如此低姿態，反而有一點不好意思，再仔細一看，眼前竟然是偉大的首相，頓時羞愧得無地自容，囁嚅地說道：「不……不……我是半分鐘之前才學會的……教我如何騎車的就是閣下您。」

曾以首相之尊治理國家的丘吉爾，他的能力眾所矚目，但他並不以自己的威權來欺壓別人，只不過在面對他人無理對待的時候，他朗朗的氣度，便自然地顯露了出來，一句話反而讓對方自覺羞愧，無地自容。

謙遜，不是退縮，而是謹慎行事；不是不前進，而是不躁進。

莎士比亞認爲：「智慧越是遮掩，越是明亮，像美貌因為蒙上黑紗而十倍動人。」我們不用急於告訴別人自己有多好，只要我們夠好，別人一定看得到；我們也不用告訴別人他有多差，因爲他自己會露出馬腳。

每天，我們都會遇見不同的人、不同的事，面對不同的狀況，我們需要針對每一件事做出不同的反應。

這個世上，總有些人認爲自己高過其他人一等，所以態勢囂張，不顧一切先發制人，反正先把對方踩在腳底再說。

這樣的人或許能得到了一時的勝利，卻忘了自己只剩一隻腳站在地上，等別人猛地站起身來時，他可能就不得不摔跤了。

想成功，首先得不能示弱

懂得強化自己的長處，也懂得掩飾自己的短處，這是一種充滿自信的表現，讓人不敢輕忽你的存在。

莎士比亞在《哈姆雷特》裡留下了這樣的文句：「留心避免和人爭吵，可是萬一爭端已起，就應該讓對方知道你不是可以輕侮的。」

在自然界，我們可以很普遍地觀察到這樣的相爭模式。兩隻雄雞相逢，必先各自豎起毛羽，發出宏亮雞鳴，意圖在氣勢上勝過對方；在未知對方底細之前，只要裝得夠強勢，說不定真能嚇跑信心不足的對手。

每個人總有不如別人的短處，儘管我們知道自己的弱點何在，但是在心理態度上絕對不能先行示弱，否則就真的矮人一截了。

弱者並不一定不能贏，只要有足夠的勇氣與智慧，懂得掌握良機，因應權變，一樣有機會奪取勝利。

最基本的做法，就是在態勢上絕不輕易示弱。

有一個小國家因故與鄰邦強國交惡，種種衝突一觸即發，大有不惜一戰之勢。於是，小國派出外交大使出使強國，就戰爭問題與強國的首相進行議論，主要用意在於一探對方虛實。

談判過程並不順利，雙方劍拔弩張，屢談不攏，最後小國大使放話不惜開戰，以威脅強國。

大使說：「我國擁有軍車三十輛，飛機八十架，足以攻擊貴國。」

主導整個談判的強國首相聽了，輕蔑地笑道：「我們的軍車和飛機數量，要多過你們一百倍。」

小國大使仍不示弱，繼續恐嚇道：「我國有二萬五千人的精良部隊，能夠迅速佔領貴國。」

強國首相放聲大笑：「我們擁有的軍隊，人數多過你們一百倍。」

小國大使聽了，要求先回國請示，再繼續談判。當大使再度來訪時，態度已有了一百八十度的轉變，希望以和平方式解決衝突問題。

強國首相認為小國必定是懼怕自己的堅強國力，沒想到小國大使竟仍舊神色自若地說：「您錯了，我國並非懼怕貴國的兵力，而是我國國土太小，容不下兩百五十萬名戰俘。」

外交人員為國發聲，所代表的是國家形象，要如何因應詭譎的國際情勢，需要有足夠的智謀；縱使國力不如人，也不能輕易示弱，讓人看輕。小國大使所言即使過於虛張聲勢，卻也十足維持了國格，這是他的責任。

聰明的人有自知之明，既知道自己的長處，也知道自己的短處，既懂得強化自

己的長處，也懂得掩飾自己的短處，這是一種充滿自信的表現，讓人不敢輕忽自己的存在。

好萊塢知名女演員琥碧戈珀曾經這麼說：「女演員只能演女人，而我是演員，我能演任何角色。」

能有這樣自信的人，必定能夠闖蕩出一片自己的天空。

看重自己，就能讓別人看重你，要知道，或許我們有不如人之處，但是我們也一定有過人之處。不曾面對面遭遇，如何分高低？雙方各擁本身的優勢，沒有經過眞正的比試，輸贏還沒有定數。

所以，站穩自己的腳步，不要一開始就長他人志氣滅自己威風，抱持著一定要贏的心態，成功的勝率無形中便會增大了一點。

冷靜，才能隨機反應

冷靜下來，將整件事從頭到尾咀嚼一遍，預想幾個方案以應付不時之需，才不致於腦袋空空、不知所措。

考試的時候，再怎麼艱難的問題，只要經過充足的準備，大都能做出適當的答案。但是，面對臨場反應的考驗時，由於思考的時間不夠，大多數人就很容易就會犯下錯誤的判斷。

有人這麼說：「過於依賴經驗來判斷，會造成反應僵化，危機來臨時當然無法做出智慧的選擇。」

這是因爲，危機不一定是過往經驗中曾經出現過的，無法事先預防，只能看事辦事、隨機反應，不夠冷靜是做不到的。

在高速公路上發生了一起車禍，兩輛轎車互相擦撞，最後終於在路邊停了下來，所幸車主都沒有受傷。

雖然車主沒受傷，可是彼此受到的驚嚇卻不小，身體顫抖不已，也沒有力氣爭個誰是誰非了。兩人就這麼在路邊坐下來，互相交換名片，一位是徐律師，另外一位是林醫生。

徐律師由口袋裡掏出一小瓶酒來，對林醫生說：「來，壓壓驚！」

林醫生說了聲謝謝，拿起酒瓶咕嚕咕嚕灌了好幾口，才把酒還給徐律師。然而，徐律師接過酒瓶後並沒喝，反而蓋上瓶蓋放到口袋裡。

林醫生見他沒喝酒，於是問他：「你不喝嗎？」

沒想到，徐律師馬上回答：「要啊！但是要等警察來過以後再喝。」

我們可以想像，林醫生聽了這話，大概恨不得立刻把剛才喝下去的酒全給吐出來，因為等警察來了，發現他滿嘴的酒味，怕是跳到黃河也洗不清了吧！

徐律師使用心理戰術解決車禍問題，顯然勝之不武，但大體上來說，醫師對於法律問題方面的反應，當然是比不上律師。

很明顯的，這起事件和之後的處理方式並不在醫生熟悉的經驗範圍之內，所以，一時不察便著了律師的道了。

喝酒不開車，開車不喝酒，是大家都知道的事，那個醫生也一定知道，但是因爲事發突然，就失去了原本的敏感度。

我們不可能期望自己對於所有的事情都瞭若指掌，但是我們卻可以給自己一點時間冷靜下來，將整件事從頭到尾咀嚼一遍，預想幾個方案以應付不時之需，唯有這樣子，不論接下來事情怎麼發展，才不致於腦袋空空、不知所措。

更進一步的，我們還可以像故事中那名律師一般主動出擊，運用機智先確保自己站穩有利位置。

高手過招強調的是先發制人，在走第一步棋的時候，已想到後十步棋的可能，等對手應一步棋，則想到其後數十步。主動出擊，可以讓自己保持先發主導的地位，而不是只能針對事情做出反應，相對的，還能趁對手反應的時候，有更充足的時間來思索最佳的回應方法。讓自己保持冷靜，那麼無論臨場如何變化，我們都能夠快速且正確地隨機反應。

說話得體，才能無往不利

懂得適時適地說好話，才能得到預期的效果，也才能運用話語的力量，在人與人之間製造出減少摩擦的潤滑劑。

黎巴嫩詩人紀伯倫曾經這麼說：「幽默感就是分寸。」又這麼說：「風趣往往是一副面具。你如能把它扯下來，你將發現一個被激惱了的才智，或是在變著戲法的聰明。」

幽默的話語可以怡情養性，也可以增添生活情趣。

不過，說話可是一門大藝術，話說得得體、說得漂亮，可以事半功倍，相得益彰，爲整體表現加分。

相對的，一旦話說得不好，則反而會招來反效果，不如不說。

大作家馬克．吐溫曾經收到一位文藝青年的來信。

這位年輕人初學寫作，除了在信中對馬克．吐溫表達欣羨、敬仰之意，還提出了一個問題請教馬克．吐溫。

「聽說魚骨裡含有大量有助於補腦的成分——磷質，那麼要成為一個舉世聞名的大作家，就必須吃很多的魚才行吧？不知您覺得這種說法是否符合實際？」

接著，他又問道：「您是否也吃了很多的魚，吃的又是哪一種魚呢？」

馬克．吐溫讀完這封令人哭笑不得的信，只簡單地回覆幾個字：「看來，你恐怕得吃下一隻鯨魚才行。」

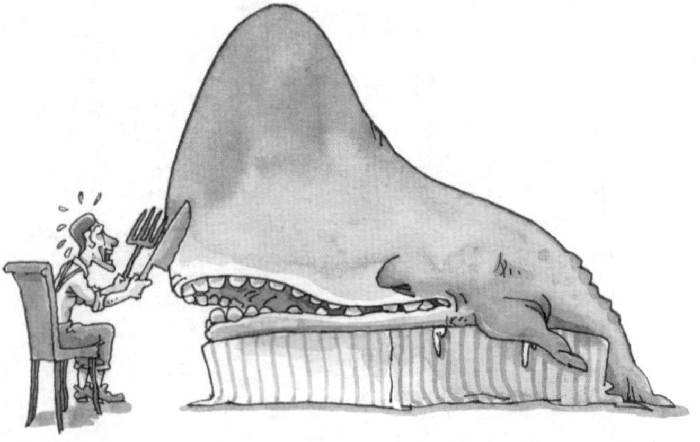

如果這位讀者根本不是馬克·吐溫的書迷，而是要寫信來吐槽的，那就另當別論，不然，原本一封向自己喜歡的作家表達敬意的書信，最後卻落得作家冷冷回應，心中必定感到錯愕。

但仔細想想，爲什麼馬克·吐溫讀了信，卻一點也不覺得高興，反而覺得有必要回信諷刺一番呢？

問題就出在那位讀者膚淺幼稚、用詞不當，縱使說者無心，但聽在聽者耳中，卻完全不是那麼一回事，誤會很難不產生。

特別是馬克·吐溫對於來信者又不熟識，當然沒有辦法考量對方是否沒有惡意。在不悅之餘，還能以幽默的態度來回敬，已經算是好修養了。

懂得適時適地說正確好話，才能得到預期的效果，也才能運用話語的力量，在人與人之間製造出減少摩擦的潤滑劑，處事圓融、說話得體、態度眞誠，人際關係便能無往不利。

嫉妒，只是否自己的價值

認清別人的成就並不等於對自己的否定；強化自己的自信心之後，進而肯定自我價值，找出屬於自己的成就。

英國有句俗諺：「嫉妒給失敗者爛泥巴，好用來扔擲成功的人。」

意思是說，失敗者往往因爲嫉妒使然，因而惡意破壞成功者的名聲。

這個世界就是這麼無聊，大家都想成功，都想得到別人的尊敬，卻忘記如果每個人都成功，那麼那件事也沒什麼了不起了。

嫉妒，沒錯，就是這個可悲的心態，讓我們不肯去接受別人可能勝過自己的事實，變成一個內心糾結、面容醜惡的小人。

幽默作家馬克・吐溫說：「想出新辦法的人在他的辦法沒有成功以前，人家總說他是異想天開。」

這種「見不得別人好」的嫉妒心理與惡意批評的現象，大航海家哥倫布應該感受得很深刻。

據說，哥倫布發現美洲回到西班牙後，女王特地為他擺宴慶功。

酒席上，許多王公大臣、名流紳士都瞧不起沒有爵位的哥倫布，而且基於嫉妒心理紛紛出言相諷。

「沒什麼了不起，換成我出去航海，一樣會發現新大陸。」

「駕駛帆船，只要朝一個方向航行，就會有重大發現！」

「太容易了！女王不應給他這樣高的獎賞。」

這時，哥倫布從桌上拿起一個雞蛋，笑著問大家：「各位令人尊敬的先生，你們有哪位能把這個雞蛋立起來？」

於是，那些充滿嫉妒而又自以為能力超群的人物，紛紛開始立那個雞蛋，但左立右上，站著立坐著立，想盡了辦法，也立不住橢圓形的雞蛋。

「哼！我們立不起來，你也一定立不起來！」大家紛紛把看好戲的目光盯向哥倫布。

只見哥倫布不慌不忙地拿起雞蛋，「砰」的一聲往桌上磕了一下，蛋頭破了，雞蛋牢牢地立在桌子上。

眾人一看，騷動了起來，紛紛嚷道：「這誰不會呀！這太簡單了！」

哥倫布微笑著說道：「是的，這很簡單，但是，在這之前，你們為什麼想不到呢？」

哥倫布一語道破這些人又妒又羨的難堪心情，但他絲毫不同情，因為他知道，與其浪費時間嫉妒別人，還不如好好想想自己能做些什麼。

法國作家巴爾札克說：「嫉妒者受的痛苦比任何人遭受的痛苦更大，他自己的

不幸和別人的幸福都使他痛苦萬分。」

如果，我們將嫉妒的心情轉化成激勵自己的動力，那麼我們或許將會在下次自己成功時，親身體驗到遭人嫉妒的感受。

根據心理學家的研究，想要克服嫉妒心理，首先，要先心理建設，認清別人的成就並不等於對自己的否定；強化自己的自信心之後，進而肯定自我價值，找出屬於自己的成就。

如此的心態轉移，就能減輕我們內心對他人的妒羨，把生活焦點放回自己身上，我們將會認同改造提升自己並不等於矮化他人。

認識自己、了解自己，可以讓我們明白：「我與他人是不同的個體，我有屬於自我的獨特性」，那麼嫉妒的心情就能漸漸淡去了。

PART 2

多說好話，就可以減少摩擦

想規勸他人，要少一點針對，也要少一點嚴苛的指責，最簡單的方式就是多站在對方角度去思考問題，多體貼對方的感受。

尊重，是建立良好人際關係的基石

逞一時口舌之快，並不能帶來什麼實質的效益。你損人家，別人自然會損你，出口之前多多三思吧。

朋友之間，因爲感情太好，難免會口無遮攔、百無禁忌，總認爲彼此開開玩笑沒什麼大不了的。

然而，有時候玩笑開過頭了，我們眞的能敞開胸襟一笑置之嗎？

面對敵人的挑釁，往往因爲心裡做足了防備，眞正的傷害反而不大，但遭到自己親暱信任的人，不經意地刺中自己的弱點，即使臉上撐著笑，恐怕心裡還是會頗爲傷痛吧！

一個人是否成熟完美，不單單在於他是否「知道」自己，還要能夠「知道」別人。所謂「知道」，是指明瞭對方的感受與思想。

蘇東坡和佛印和尚是很好的朋友，但是兩人都喜歡彼此嘲諷對方，每次碰著了，不互相較勁一番總不肯罷休。儘管這樣激烈的唇槍舌劍常常上演，卻似乎沒有減損他們的友誼。

據說，有一天，蘇東坡與佛印兩人一起坐著打禪。

一會兒工夫，蘇東坡睜開眼問佛印：「你看我坐禪的樣子像什麼？」

佛印看了看，頻頻點頭稱讚：「嗯！你像一尊高貴的佛。」

蘇東坡聽了暗自竊喜。

沒多久，佛印也反問道：「那你看我像什

麼呢？」

蘇東坡打定主意故意要氣佛印：「我看你簡直像一堆牛糞。」

沒想到，佛印居然只是微微一笑，沒有出言反駁，蘇東坡這下子更加沾沾自喜了。一回到家中，蘇東坡就迫不及待得意地告訴他的妹妹：「今天佛印被我好好地修理了一番。」

但是，當蘇小妹聽了事情原委後，反而笑了出來。

蘇東坡好奇地問：「有什麼好笑的？」

蘇小妹目光狡黠地說：「人家佛印和尚心中有佛，所以看你如佛；而你心中有糞，所以看人如糞。其實，輸的人是你呀！」

哲學家說：「從批評的話中，不一定能了解『被批評者』的問題，但卻能從那些話中看出『說出批評的人』的眼界與識見。」

即使是再好的朋友，也常常爲了小事爭輸贏，沒了面子就搶裡子。

佛印不爭口頭之利，反而讓蘇東坡吃了大虧，還賠上了自讚毀人的膚淺惡名。

所以，這對朋友畢竟還是佛印棋高一著，將禪機參了透徹，如果心思純正空靈，那麼佛與糞又有什麼差別呢？

佛印簡單的應對，就透露出他的過人之處。

人的心裡怎麼想，就會說出什麼樣的話來，做出什麼樣的事來。

待人處世的風範正好能反映出一個人的內涵，眼中所見的是牛糞還是仙佛，就全在你的一念之間了。

佛印和蘇東坡，他們兩人眞正知心、相互了解，明白對方的尺度在何處，懂得點到爲止，也就不至於失了分寸，壞了友誼。蘇東坡仕途不順，心中必定有著許多苦悶，也恰巧他有這麼些知心好友，與他玩笑競爭，能讓他暫時跳脫俗事紛亂，練就豁達的人生觀。

但是，我們能自信自己有佛印和蘇東坡這樣開得起玩笑的雅量嗎？反過來講，嘲諷和口頭上佔便宜，眞的是朋友相交相處之道嗎？

佛家說：「天下最毒的東西，是咒罵他人的說話。在惡毒的話仍未說出口時，毒素已把說話人的心靈荼毒。」

逞一時口舌之快，並不能帶來什麼實質的效益。你損人家，別人自然會損你，如果沒有自信自己能承受得了，還是在出口之前多多三思吧。

尊重別人、體諒別人，是營造良好人際關係的重要基石，對於我們親愛的家人與朋友，更是要牢牢守住彼此的這層分際，畢竟，我們最不想傷害的，不就是我們深愛的人嗎？

就算妥協，也要無愧無悔

事情會不會發生？最後會如何演變？這些並非個人所能控制，但我們至少可以堅持不要愧對自己。

人類是群居動物，既然不得不跟別人一起相處，就不可能每件事情都順著自己的心意而行。

在民主社會裡，更是如此；如果想要得到他人的認同，讓自己心之所願付諸實行，就一定要運用某些手段才行。

這些手段可能是引導，可能是說服，可能是逼迫，也可能是欺騙，總之是某一方運用影響力，使得另一方做出自己希望的決定或行動。

如果發揮影響力的一方，能使對方心甘情願地做出回應，那麼便不至於發生什麼衝突或爭執；但如果讓對方產生了反感，便會爲了捍衛自己的意見和想法，而做出相對的反擊。

在三百多年前，一名建築師克里斯托．萊伊恩受命設計英國溫澤市的市政府大廳。在他的設計裡，巧妙地運用了力學的原理，整座大廳的天花板竟只需用上一根柱子便可支撐。

但是，當建築峻工，政府官員前來驗收的時候，卻認為只用一根柱子支撐的天花板未免太過危險，便要求萊伊恩非得再多加幾根柱子不可。

儘管萊伊恩提出了種種證據來佐證自己的論點，強調以一根堅固的柱子就足以支撐天花板，大廳的安全無虞，不需再多加柱子，但是，官員們並不以為然，仍要求他一定得照辦，否則就要他退出

建築工程，還威脅他可能因為違約而吃上牢飯。

固執的萊伊恩不得不開始思考，自己究竟要不要妥協。

他心想，如果堅持己見，繼續爭執下去，他肯定沒有勝算，政府官員一定會找別人來重新設計，那自己的心血不就白費了嗎？

但是，他又不甘心自己的理念被如此貶抑。最後，他終於做下決定，同意在大廳裡再加上四根柱子，但是這些柱子的頂端並沒有接觸到天花板，也就是說這些柱子只是擺好看的，並沒有任何支撐的作用。

他用這個方法通過政府官員的驗收，同時又不減損自己的信念。

三百年後，當市政府準備重新修繕大廳時，才終於發現了這個秘密，一時間引起廣泛討論，萊伊恩的建築功力，此時才受到了世人的肯定。當年那些政府官員早已消失在時間的洪流之中，可是建造出這幢「嘲笑無知建築」的萊伊恩，卻在建築史中留下印記。

如果我們注定要接受妥協，我們會用什麼樣的方式去面對？能不能像萊伊恩一

樣想出辦法化解呢？

對於市府大廳的設計，建築師有建築師的想法，官員有官員的考量，他們都認爲自己是對的。

所抱持的立場不同，做出來的決定當然也不同。在當年，看起來像是官員贏了，而萊伊恩輸了，但三百年後卻又是完全相反的結果。

這個故事告訴我們，我們不能知道我們所做下的決定是不是絕對正確無誤，也不知道我們的決定會對未來造成什麼樣的影響，我們只能對自己充滿信心，相信我們的每一個決定是經過我們深思熟慮、謹慎評估才行動的。

如此一來，就算是眼前必須讓步、妥協，只要最後的決定對得起良心，那麼我們就不會後悔。

有人說：「我們可以選擇如何反應，卻控制不了事情的發生。」

說穿了，我們所做出的每一個決定與行動，其實都是自己心底同意了才會去做的；一個不覺得自己做錯的人，是不會感到悔恨與不快樂的。

就算是自覺所作所爲都是爲人所逼，歸咎原因，其實也是自己願意被逼才會如此行動，所以當我們發現自己做出違背初衷的行動時，懊悔的感受是來自於自己而非外在。

相對的，面對不利於自己的形勢，如果我們能依著自己的心意去反應，對於結果我們就不至於會過於苛求。

所以，做決定時，一定要先問問自己：「眞的決定這麼做了嗎？願意承擔所有的後果了嗎？」就算妥協，也要無愧於心。

事情會不會發生？最後會如何演變？這些並非個人所能控制，但我們至少可以堅持不要愧對自己。

活用機智，替自己留條退路

說話和做人一樣，要多一點「靈活」的空間，與其說得絕對，不如留點退路，讓自己在犯錯時能找到喘息的空間和進步的機會。

古羅馬家西塞羅曾經寫道：「幽默會給人帶來歡樂，而且，常常可以產生巨大的作用。」

的確，幽默不僅能令人開懷，而且還會發揮奇妙的光合作用，讓你跟別人的互動過程更加順利。

沒有人喜歡跟整天板著撲克臉的人打交道，也沒有人願意跟一個凡事都針鋒相對的人相處，如果你想擁有良好的人緣，就必須培養一些幽默感。

某一年，阿拉斯加某個小鎮的牧師去世了，當地居民立即組了一個徵求新牧師的委員會，並由該會人員向紐約全國牧師分配委員會申請新任牧師。

可是，該鎮居民等了又等，委員會成員也非常積極催促，紐約總會卻始終沒派新牧師到任。

過了好幾個月之後，仍不見新牧師，讓委員會成員非常憤怒，其中一名女委員想了又想，最後寫了一封信給紐約委員會主席：「主席您好，您千萬別派牧師來本鎮，因為我們發現，犯罪比上教堂更加有趣！」

就在那封信寄出之後的第三天，新牧師便出現在那個小鎮了。

在這個帶點「恐嚇」的字句裡，我們不僅看見了該委員的聰明，更學到了逆向操作有時更時解決難題。既然正面要求得不到回應，不妨以反向且有些叛逆的作爲來突破，如果對方的思考始終無法轉彎，那就靠自己扭轉，畢竟問題總要解決的，不是嗎？

從「犯罪比上教堂更加有趣」這句有些情緒化的話，我們也發現，確實有些情況越是中規中矩，越無法把問題解決。反向操作，倒著前進，反而更能吸引人們的目光，甚至會更用心聆聽你我的訴求。

生活本該圓通，硬梆梆的道理和要求很難服眾，畢竟人是活潑的，太過僵硬的規範，常常會帶來極大的反彈，甚至是破壞。

再聽聽下面這個有趣的例子，從中我們將更見「反思」的趣味。

有位神父諄諄告誡大家不要喝酒，常說：「酒，是人之大敵！」

可是許多人言行不一，這名神父也不例外，因為他是個嗜酒如命的酒鬼，經常偷偷躲起來喝得爛醉。

有一天，他又喝醉了。本來躲在這個地方應該是不會被人發現的，偏偏他醉得糊塗，竟連連高呼：「哈里路亞！哈里路亞！哈里路亞！」

「神父！你喝酒啊?你……你不是說過酒是人類的敵人嗎？」循聲找來的村民，發現神父竟然喝酒，都很訝異。

神父看見信徒，先是一驚，而這一驚似乎讓他有些醒了，支支吾吾地說：「喔！

是啊！那個……對，你不知道《聖經》上還有一說嗎？」

村民皺眉看著神父，神父深吸了一口氣，接著微笑地說：「親愛的，要愛你們的『敵人』呀！」

的確要好好愛自己的敵人，若不是生活中的競爭對手，又怎麼激得起鬥志，又如何能從敵人身上反映出自己的缺點和不足！

神父的前言後語雖然十分諷刺，但也告訴我們，說話和做人一樣，要多一點「靈活」的空間，不是非要把話說得死死的才具說服力，也不是非要把自己設在一定的規矩中才能取得人們的信任，與其說得絕對，不如留點退路，讓自己在犯錯時能找到喘息的空間和進步的機會。

不論是以「反話」刺激人行動積極，還是援引另一個正面的話補救自己的缺失，都是要告訴我們要多培養靈活變通的機智，好讓我們在面對困難或遇到危機時，能靠著這個「靈活思考」扭轉劣勢。

多說好話，就可以減少摩擦

想規勸他人，要少一點針對，也要少一點嚴苛的指責，最簡單的方式就是多站在對方角度去思考問題，多體貼對方的感受。

某神父最近觀察到一個情況，每當他傳道的時候，聽眾之中有好幾個總是會打瞌睡，有的人甚至還非常不禮貌地鼾聲大作。偏偏這些人在別的神父傳道時，卻一個個都能精神抖擻，凝神專注，甚至連眼睛都不曾眨一下。

有一回，這神父傳道完之後，忍不住滿腹疑問地走到一位剛醒來的信眾身邊問道：「為什麼你在我傳道時都會打瞌睡，在別的神父傳道時卻不會呢？」

這聽眾聽了，先是打了個哈欠，然後伸了伸懶腰說出理由：「原因很簡單啊！因為你傳道的時候，我們絲毫不會懷疑你說的話是否正確。但是，其他神父來向我們傳道的時候，我們可就不敢有這樣的想法了，所以，我們不得不好好地監視他、盯住他。」

神父雖然心中仍有些困惑，但聽見信眾如此肯定自己，不覺有些飄飄然，對於信徒的話就毫不懷疑的接受了。

當神父開心的接受信徒的理由時，想必令不少人不禁莞爾，當然也必定讓不少人對這名信徒的機智回應深感佩服吧！

從另一個角度看，明明是聽講聽到打瞌睡，明明是這位神父演講不如別的神父精采，但信衆卻還能想一個如此漂亮的理由，體貼保護神父的面子問題，確實不是一般人能及的。

日常生活中不少人在待人應對時都習慣直接回應，總是忘了關照別人的想法與感受，忽略了要體貼他人的情緒，以致人際互動時增添了不少摩擦。一如故事中的情況，要是不懂得轉彎，不懂體貼的人，想必答案會是：「因爲你講得很無趣！」是不是呢？

若是雙方互有心結，見面對話總是針鋒相對，不見和氣，爭執便一觸及發好像下面這個例子。

有位美國牧師剛從英國訪問回來，正準備搭火車返回家鄉，當他一走進車站大廳，就碰上了他所屬教區的一位居民。

「拉姆先生，你怎麼在這裡？難道小鎮出了什麼事？」牧師擔心地問道。

「是的，牧師先生，發生了一件非常悲慘的事。唉，就在你離開美國之後不久，一場龍捲風捲走了我的家。」拉姆哀怨地說。

牧師搖了搖頭說：「親愛的，我就知道！我一點也不覺得驚奇，拉姆，你還記得嗎？我早就警告過你了，你卻一點也不聽，依然故我，一味的放縱自己，還偏執的用錯誤的態度生活，這真是惡有惡報，誰都無法迴避啊！」

拉姆聽了，很不以為然地說：「我說牧師先生，就我所知，那場龍捲風似乎也把你的家給捲走了！」

「喔，是嗎？」牧師聽了驚呼一聲，但旋即便冷靜下來：「阿門，想必上帝以為我去了英國之後便再也不回家了！」

牧師的機智爲自己解了圍，但是恐怕很難圓融兩個人的關係了，當牧師不懂將心比心，體會拉姆受災的心情，還硬要把慘劇歸給因果，甚至在拉姆身心俱疲的時候大加斥責，顯然十分不通人情。

多數天災因果論總是因人的需要而強加附會，眞能套用在所謂的命理果報中的機率幾乎等於零。

想規勸他人，要少一點針對，也要少一點嚴苛的指責，最簡單的方式就是多站在對方角度去思考問題，一如第一則故事中的聽衆一般，多體貼對方的感受，然後順著這份體貼心去尋找對方較能接受的勸告，如此一來，才能眞正達到圓滿勸諫的目的，也才能多得一個肯聆聽自己意見的朋友。

要真心相對，不要針鋒相對

對人要少一點針對，生活要少一點歧視和算計，少一點針對性的玩笑，相信你的人際關係從此會變得精采富足。

傑克在路上遇到了一位行事作風非常矯情虛偽的神父，由於這神父外表長得十分抱歉，讓傑克忍不住想嘲諷他的長相。

這天他對著神父說：「神父啊！你天天讚美上帝，該不會是為了報答祂給了你如此英俊面貌？」傑克強忍著笑意說。

神父當然聽得出傑克的嘲諷，只見他頓了一下，然後高傲地說：「我知道自己長得不怎麼樣，不過，至少上帝賜給我的知識和你的頭髮一樣多！」

「喔！真是這樣嗎？」傑克聽了不禁冷笑一聲，隨即便見他伸手住頭，腦袋上的毛髮就這麼被抓了下來。

「神父哪！我可是個禿子喔！」傑克大方展示他光禿的頭頂，然後大笑著離開。

至於神父，則滿臉尷尬的站在原地，看上去十分氣惱。

生活之中，總有各式各樣的人，要說他們壞卻又不是太壞，要說他們好卻又似乎不是那麼和善，前者就像故事中的神父，後者則如傑克。

類似的針鋒相對在你我身邊經常得見，或許我們也都曾經這麼做過，那種類似玩笑式的互動，很多時候反而經常對人造成傷害。

也許傑克的最後一擊十分成功，但若是從人際互動上思考，喜歡或是不喜歡一個人總是因人而異，當社會潮流走向偏激的個人主義時，這種幽默可是一點也不可愛，也不值得學習。用話傷人簡單，可是之後若想用好話縫合兩個人的關係，恐怕並不容易！

因爲，人與人之間的信任感與友善情意一點也不容易累積，有多少原本關係緊密的人心，竟只是爲了一句無心話語而撕破碎裂？

對人要少一點針對，生活要少一點歧視和算計，如此一來，才能得到人們眞心相待，即使是關係很淺的兩個人，也要能眞心以對，不要心存算計，如此才能得到人們的甘心付出。

婚禮剛剛結束，新郎開心地問牧師：「我需要付多少錢給您？」

「喔，這服務我們一般是不收費的。」牧師先是拒絕，但後面卻又補了這一段：「不過……如果你堅持的話，就依您妻子的美麗程度來付錢吧！」

新郎點了點頭，接著從口袋裡掏出了一張一塊美元舊鈔給牧師，牧師接過錢時，忽然轉身掀了新娘的面紗看了看，便把手伸進了自己的口袋裡，掏了一枚五十分，對著新郎說：「來，我得找你五十分。」

笑看神父最後的動作，卻也讓人輕嘆。其中描寫人性的虛僞和矛盾作爲十分深刻、眞實現實生活中，像這一類的人經常可見。

明明說不收錢，卻偏偏補了一句「看誠意」；明明不想付錢，還硬是做了一個

「心不甘，情不願」的掏錢動作，怎不可笑？

既然無心付出就不必勉強自己，不然只會讓自己多得一個難堪；如果那麼想要人們付出，就大方表明心中的欲意，別再矯情作態。能將心中眞意誠實地表現出來，反而更能得到人們的體諒。

不想人們猜測不中你心，不想讓人們誤解你情，還是多點「眞心」，多多表現你的「眞性情」；若是不想被人們有心傷害，若是不想生活中常見人們的敵意，那麼不妨少一點惡意的八卦，少一點針對性的玩笑，相信你的人際關係從此會變得精采富足。

靈活運用說話技巧，成效會更好

轉個彎說話，不必明說也能讓人得到啟發，不必點破也能讓人聯想到問題的核心，這些正是聰明人解決問題最常用的技巧。

導遊正帶著一批旅客參觀一間古堡，走到很長很深的地道裡時，一群人在地道內發現了好幾具骷髏。

「天哪！怎麼有這麼多骷髏，這裡到底怎麼一回事？他們生前是做什麼的？」一位旅客好奇的問導遊。

只見導遊聽了，似笑非笑地回答說：「我想，他們一定是那些捨不得花錢請導遊的旅客吧！」

到底骷髏是否眞因爲迷路所以喪命，大概只有骷髏們自己知道，不過導遊藉機把握行銷生意，聰明的人一聽就知。

其實，人們對於太直接的要求或明示，往往感受較強烈，如果不顧及當事人的感覺，很容易讓人產生誤解或不良的印象而遭人拒絕，所以說話的時候要借風駛船，轉個念頭，便能乘風而行！

就像故事中聰明的導遊不多說其他恐怖傳聞，而是輕輕開了亡者一個小玩笑，也輕鬆的給了旅客們一個記憶觀念：「如果想進古堡探險，還是找個專業的導遊陪伴吧！」

轉個彎說話，即使不必明說也能讓人得到啓發，讓問題不必點破也能讓人聯想到問題的核心，這些正是聰明人解決問題的最常用的技巧，好像下面這位教授的趣味引導。

有一間基督教大學每年都會將應屆畢業生的合影掛在學生活動大樓內，並且還會細心地在每個班級的鏡框旁，貼上最符合該班精神的《聖經》章節來作輔助說明，並給予同學們訓勉。

這一年也是如此，某個畢業班的同學便問教導他們的教授：「教授，您覺得我們要引《聖經》中哪一章節來代表我們班的特質呢？」

「第十一章三十五節。」教授毫不猶豫地回答。

同學們一聽，一個個急忙翻開《聖經》，找到了教授指出的那一節，上面寫著：「耶穌在哭泣！」

教授不說重話，不多給訓辭，而借耶穌的眼淚讓學生們省思，這些年來教授對他們的失望，從中或者更能引人深深自省吧！

人和人之間溝通原本就很耗費心力，確實需要我們多動腦發揮一些幽默感，畢竟，要能關照對方的自尊心，同時還要讓人肯聽進耳朵裡，那可不是隨口說說就能收到成效的。

好像第一則故事一般，擺進了過分恐怖的傳說，雖然能挑起人們的好奇心，可是若拿捏失了分寸，最後只會出現反效果，從此再無生意上門。

至於教授的暗示借用，確實能數到極佳的效果，感性的「眼淚」形象，不只軟化了學生們的心，也潛入了同學們的思考裡，相信受教的人會從中認眞體會到：「就要出社會了，再也不能像學生時一樣怠惰、散漫了，要積極面對未來，好讓教授能對著我們笑！」

明白其中寓意嗎？

那麼下一次，當你們遇到了相似的難爲情況或獨特需要時，希望能妥善運用機智巧妙的幽默對答解決一切難題。

身段柔軟並不丟臉

幽默地承認自己的錯誤吧！低頭道歉並不丟臉，身段越柔軟，我們越能擁有和諧的人際交流與合作關係。

在某個法庭上，法官詢問被告說：「你不但偷錢，還拿了人家的手錶、戒指和珍珠項鍊嗎？」

被告相當冷靜地點頭回答說：「是的，法官大人，因為人們經常這麼對我說：『光是有錢並不會得到幸福的。』」

的確，不是有錢就能買到幸福，換句話說，我們可以這麼譏諷小偷：「眞正的幸福是偷不到手的。」

犯了錯就是犯了錯，理由再充裕、藉口再多也無法掩飾，更何況眼前呈現的是不爭的事實，應負的責任更避免不了，就像下面這一則故事一樣。

有一天，田裡忽然出現一隻很兇猛的狗，朝著一名農夫直撲過去。農夫見狀，隨手舉起手中的叉子回擊，沒想到惡犬竟一頭叉了進去，鮮血直流，不一會兒便死去了。

後來，狗主人知道狗是農夫殺的，便提出告訴，要法院還自己一個公道。

「大人，他叉死了我的狗，您一定要重判他！」狗主人氣憤地說。

法官看著被告，問道：「你為什麼不把叉子倒過來呢？如果你能用沒有鋸齒的那一頭來回擊，不就沒有事了？」

農夫滿臉無奈地說：「法官大人，如果當時那隻狗是倒著向我撲過來的話，我一定會那樣做。」

從這則幽默故事中，你看見了什麼道理？

無論自己抱持的理由多麼正當，在處理事情時，我們始終得就事論事，不能感情用事。換句話說，在處理人和事時，絕不能將不同的事物混爲一談，否則很容易偏離問題的核心。

法官問勃拉溫：「先生，你是不是經常對著自己養的狗叫喊『施密特』？甚至還經常對著狗說『喂！施密特，你這個大壞蛋』？你知道嗎？這行為是很明顯地侮辱了你的鄰居施密特先生。」

沒想到勃拉溫卻抗議道：「法官大人，您誤會了，我這樣做，其實是想羞辱一下我的狗。」

勃拉溫提出的理由，其中滿滿的情緒化回應，直接證實了他確實有心譏諷鄰居。又像農夫以叉子殺死惡犬的情況一樣，雖說是爲了自衛，但終究殺死了狗。既然有錯在先，自當負起責任，不要一味強辯。

這些故事的寓意，便是要告訴我們，凡事要能勇於認錯，無論當時的背景情況如何，也不管當下有多麼強而有力的理由，結果是錯的，就不必多找藉口，先承認自身有錯在先最重要。

就好比第二則故事中的農夫，如果他能在第一時間承認：「是的，我殺了您的狗，請原諒我。」也許，對方會因爲誠懇的態度而選擇原諒，願意理解並包容農夫一時慌亂失手的結果。

眼前，你有難解的人際問題嗎？何不反求諸己，仔細想一想是否自己有錯在先，再試著鼓勵自己勇於承擔錯誤？

幽默地承認自己的錯誤吧！低頭道歉並不丟臉，身段越柔軟，我們越能擁有和諧的人際交流與合作關係。

適度諷刺不肯付出的人

對於那些不肯付出只知坐享其成的人，我們要逼著他們改正錯誤的生活態度，不應該一味地施予。

某處村莊，有很多懶惰的流浪漢常在街上乞討，他們不打理自己，也不工作賺錢，總是厚著臉皮伸手向人強索東西，百般無賴地向人追討。若是人們不給，他們便不放手讓對方離開，即使罵他們打他們，他們也一點都不在乎。

其中有個乞丐一天到晚到朱哈家光顧，這天，他又來敲門，朱哈走了出來，一看見又是那個流浪漢，不禁板起面孔，冷冷地問道：「你來幹什麼？」

看見朱哈的冷眼，流浪漢忽然臉色一變，以非常嚴肅正經的口氣說：「我是真主的客人。」

「原來是真主的客人，請跟我來。」朱哈說完，便要流浪漢跟著他走。

兩個人就這麼一直走到附近的一間清真寺門口，接著，朱哈轉身對著流浪漢說：「真主的貴客啊！這裡才是真主的家。」

好逸惡勞的人鮮少懂得自制自律，就算來到眞主面前，到底有多少人能眞正醒悟，又是另一個疑問。

其實，人們之所以走上歧路，多是因爲不肯付出辛勞，不願用自己的勞力換取所得。朱哈的舉動雖然表達了嘲諷，可是看著犯罪率居高不下也不是辦法，我們應該想個更積極的對策來解決問題。

據說曾有某個地方的犯罪率一夕之間劇減，這個情況讓不少人感到好奇，各界在仔細探究之後，終於查出原因。

原來，當地監獄貼出了這樣一則公告：「舉凡因為犯罪或有犯罪嫌疑而送入本處所者，從今日開始，食宿費用一律自行負擔。」

看到這則公告，你是否會忍不住鼓掌叫好？

曾經聽過這麼一則笑話：有個中年男子到某間便利商店偷東西，但是他和一般竊賊不同，拿了東西之後沒有立刻逃跑，反而坐下來，慢慢地把東西吃完，安靜地等著警察出現。

警察看見他後，第一句話竟是：「怎麼又是你啊？」

原來，不肯用心找工作的中年男子，認爲獄所裡有住有吃，吃不了苦的他爲了再過「好日子」，便再度犯罪。

將這則笑話與前段事例相連結，似乎找到了一個可行的犯罪防治法。

權利義務要平均分擔，對於那些不肯付出只知坐享其成的人，要逼著他們改正錯誤的生活態度。我們不應該一味地施予，而要杜絕乞者的貪婪索討，然後更進一步建立他們積極生活的能力與自信。

PART 3

用舌尖代替刀劍

征服一個人，以至於征服一群人，用的往往不是刀劍，而是舌尖。「有話好說」，仍是我們必須窮一生來學習的藝術。

越棘手，越需要幽默

越是棘手的事情，越是需要幽默。幽默不只是娛樂自己，同時也是娛樂別人，只要人們都可以笑得出來，還會有什麼解決不了的大事呢？

人人都知道幽默的好處，但是幽默不只是讓你的人生變得輕鬆，更重要的是，它可以改變你看世界的觀點！

蓋瑞是一個非常幽默的警官，不管遇到什麼重大案件，他總能一笑置之，使問題迎刃而解。

某天下午，有三位女士為了一點小事發生了爭執，三個人大吵大鬧來到警察局，你一言，我一語，幾乎把警察局的屋頂掀了開來。女人的話匣子一打開，連局長都沒有插嘴的份。

這時，蓋瑞淡淡說了一句話：「請妳們當中年紀最大的那一位先說吧！」話才剛說完，房間裡頓時鴉雀無聲。

蓋瑞的聰明才智不僅如此，他還曾經運用幽默的方式順利搶救了一名企圖跳樓的男子。

當時，情況十分緊急，男子站在五十二層樓高的窗檯，隨時都有可能往下一跳。樓下擠滿了圍觀的人潮，警察、醫生和記者全數到期。

依照往例，那名想要自殺的男人色厲內荏地喊叫著：「別過來！誰要再走近一步，我就跳下去！」

蓋瑞帶了一名醫生走上前去，只說了一句話，那男子便默默地走下樓了。蓋瑞這麼說：「我不是來勸你的，是這位醫生要我來問問你，你死後願不願意把屍體捐給醫院？」

蓋瑞的幽默感使他往往能夠在極細微的事情中搜尋到破案的關鍵。

在一次執勤的時候，蓋瑞竟然輕而易舉抓住了一個男扮女裝的通緝犯，警長問他：「罪犯偽裝得這麼完美，你怎麼會發現他是男兒身呢？」

「因為，他沒有女人的習慣。」蓋瑞笑著回答說：「我看她經過服裝店、食品店和美容院的時候，連看都沒有看一眼，我就知道，這個人絕對不是正常的女人。」

又有一次，蓋瑞無意中看到兩個年輕的神父騎著一輛自行車在一條小路上飛馳。身為神職人員怎麼可以不遵守交通規則呢？蓋瑞急忙下車將他們攔住，問道：「你們不覺得這樣騎車是很危險的嗎？」

神父們理直氣壯地說：「沒關係，天主與我們同在。」

蓋瑞聽了，笑著說：「這樣的話，我不應該開你們超速的罰單，而應該罰你們八十塊美金，因為法律規定，三個人是不能同騎一輛自行車的。」

幽默使人冷靜，冷靜使人充滿機智。

一個星期六下午，幾個左派份子正在鬧區的十字路口發表演說：「現今的政治爛透了，我們應該放把火，把眾議院和參議院統統燒了！」

激烈的言論尚且不構成任何妨礙，但是卻引來越來越多的行人，把路口堵得水洩不通，嚴重影響了交通。

當警察趕到時，市內的交通已經癱瘓了，只見蓋瑞大叫一聲：「現在開始，同意燒參議院的站到左邊，同意燒眾議院的站到右邊。」

「嘩」的一聲，人群頓時分成左右兩邊，中間的道路豁然開朗。

有個弄臣犯了錯，皇帝把他推下御花園的水池，再幸災樂禍把他拉上來，「怎麼樣？你在水裡有沒有見到屈原哪？如果沒見到，就再把你推下去！」

「臣見到屈原了！」弄臣一本正經回答。

皇帝笑了起來，繼續問：「屈原跟你說了些什麼嗎？」

弄臣恭敬地說：「屈大人說他沒遇上好主子，所以才投了水，我有這麼英明的主子，為什麼也要投水？」

又是馬屁又是求饒，皇帝樂歪了，馬上饒了這名弄臣。

越是棘手的事情，越是需要幽默。幽默不只是娛樂自己，同時也是娛樂別人，只要人們都可以笑得出來，還會有什麼解決不了的大事呢？

罵人不必帶髒字

在某種意義上，批評也是一種讚美，它意味著你做的某件事情太重要了，批評家們無法忽視它。

——巴克斯頓

心機最好耍得不著痕跡

對於自己不滿的事物，一味破口大罵、甚至出手動粗，並沒有辦法真正解決問題。最聰明的做法，就是不著痕跡地讓別人順從自己的想法。

溝通要順利，首先要懂得順著對方的心意，即使犧牲了自己的面子，也要想盡辦法占盡裡子。

想讓別人照著自己的想法走，要先肯定對方，徹除他的心防與武裝，如此才能操控整個局面。

一名剛退休的老人，回到家鄉買下房子，打算在那兒安安靜靜地度過自己的晚年，利用這段人生最後的時間，寫本回憶錄作為紀念。

剛開始的幾個星期，一切都好極了，安寧的環境對於老人的精神和寫作很有助益。可是，這樣的好日子並不長久，不知從哪一天開始，三個半大不小的男孩子每天放學後，就來到老人家附近玩耍。他們愛極了把幾只破垃圾桶踢來踢去，玩得不亦樂乎。

噪音嚴重干擾了老人的寧靜生活，最後他終於受不了，決定出去跟這幾個年輕人談判。

「小朋友，你們玩得真開心，」他說：「我很喜歡看你們踢桶玩，如果你們每天來玩的話，我每天給你們三個每人一塊錢。」

三個男孩子聽了高興極了，踢垃圾桶居然還有錢可以拿，於是更加起勁地表演他們的足下功夫。

過了三天，三個人又來踢垃圾桶，踢完了打算找老人要錢。但只見老人愁眉苦臉地說：「沒辦法，通貨膨脹使我的收入減少了一半，從明天起，我只能給你們五毛錢。」

這群年輕人聽了很不開心，但還是勉強答應每天下午來踢垃圾桶。

可是，一個星期後，老人又愁眉苦臉地對他們說：「最近都沒有收到養老金匯款，對不起，每天只能給兩毛了。」

三個人忍不住發作了。

「兩毛錢？」一個男孩子臉色發青，「你以為我們會為了這區區兩毛錢，浪費寶貴時間來為你表演？告訴你，我們不幹了。」

從此以後，老人回到了原本安靜的日子。

對於自己不滿的事物，一味破口大罵、甚至出手動粗，並沒有辦法眞正解決問題。如故事中的老人，若他只是大吼大叫，威脅這些男孩子，不許他們來踢垃圾桶，他們不見得會聽，說不定反而踢得更兇，讓老人日夜不得安寧，最後吃虧的還是老人。

老人只有兩個選擇，一個是忍受那些噪音，直到那些年輕人厭倦了爲止，另一個則是想個辦法讓他們主動放棄踢垃圾桶。

最聰明的做法，就是不著痕跡地讓別人順從自己的想法。老人假意附和三個年輕人，掌握住他們想占便宜的心態，先給他們吃足了甜頭，然後再慢慢剝去他們的權益，無形中加速了他們感到厭煩的情緒，最後完全達到了自己預期的目的。

《孫子兵法》上有云：「將欲取之，必先予之」，意思是說，爲了要達成某項目的，就必定得要先做些讓步才行。想要前進一大步，就要先後退一小步；爲了獲得自己想要的，有時就得先捨棄一部分利益。不懂得忍耐克制，就很難飽嘗勝利的果實。

罵人不必帶髒字

一個人心靈好壞，從行動中便能表現出來，就像蚊子用嘴吸的是血，蜜蜂用嘴釀的是蜜一樣明白。

——哈尼族諺語

拐彎抹角有什麼不好？

以幽默的方式，不直接面對問題，而採取拐彎抹角的手段，可以消弭彼此針鋒相對的尖銳感，當然，也可以更圓滿地解決問題。

「以偏概全」是人性的一大弱點，人一旦產生偏見，造成既定印象，就很難改變了。

所以，如果你遭到誤解，除非自己眞的一點也不在乎，否則就得好好想個方法來讓事情「眞相大白」，爲自己「洗清冤屈」了。

有位養雞場的主人，向來討厭傳教士，因為他覺得大多數傳教士嘴上講的是一套，實際做的又是一套。於是，這名養雞場主人，有事沒事就喜歡信口說說傳教士的壞話，到處散佈謠言。

一天，有兩個傳教士找上門來，向養雞場主人說想買隻雞。即使是自己討厭的傢伙，但生意上了門，總不好往外推吧！養雞場的主人於是忍著心中不快，帶著兩名傳教士來到雞場裡，讓他們自己去挑。

只見這兩名傳教士在偌大的養雞場中走來走去，挑了半天，卻抓來一隻毛掉得差不多，看起來病懨懨又相當難看的跛腳公雞。

主人心裡感到奇怪得很，不禁問他們，為什麼滿園子都是活蹦亂跳的雞，而他們偏偏挑上這隻。

其中一位傳教士聳聳肩，回答說：「我們是想把這隻雞買回去，養在修道院的院子裡，然後告訴大家，這是你的養雞場養出來的雞，順便為你做做宣傳啊。」

主人一聽，心中不禁著急，連忙搖手：「不行！不行！你們看這養雞場裡的雞，哪一隻不是漂漂亮亮、肥肥壯壯的？就這一隻不知道怎麼搞的，一天到晚愛打架，才會弄成這副德性。你們拿牠來宣傳，大家會以為我的雞全是這樣，那可不成！你們改挑別的雞吧！否則，這對我來說，實在太不公平了。」

另一位傳教士笑嘻嘻地說：「對呀，只是，你的行為不也是如此嗎？少數幾個傳教士行為不檢點，你就以他們為代表，一竿子打翻了一船人，對我們來說，不也是不公平嗎？」

養雞場主人這才明白自己的偏見過了頭，於是，不好意思地抓來了隻肥美強壯的大公雞，送給兩位傳教士，並答應不再胡亂說傳教士的壞話了。

想要建立良好的人際關係，或是改變對方偏執的認知，使事情朝自己期望的方向發展，非但不能口出髒話，更要用幽默的話語，把自己的意思滲透到別人的心裡。

傳教士「以其人之道還治其人之身」的法子奏了效，養雞場主人擔心「負面廣告」成真，壞了自己的生意，忍不住提出抗議，而傳教士則藉此讓雞場主人對於「被誤解」一事感同身受。

像傳教士一樣，設法讓對方有機會站在自己的立場上感受一下，其實是不錯的方法，可以讓彼此冷靜地再權衡一下，看看究竟是「偏執」還是「事實如此」，相信結果會有所不同。

以幽默的方式，不直接面對問題，而採取拐彎抹角的手段，可以消弭彼此針鋒相對的尖銳感，當然，也可以更圓滿地解決問題。

罵人不必帶髒字

說話要謹慎，嘴邊要備上一把鎖。也許有人正等待著看你滑倒呢，倘若不小心，你就會在他面前被自己的言詞絆倒。

——《智訓》

有些事，不要說破比較好

別人提出的建議，難免會有幫錯忙或幫倒忙的情事發生。為了規避這種狀況發生，是否就非得採取斷然拒絕的方式？

在人生的旅途中，總會出現許多「貴人」，提供了許多不同的建議。能夠虛懷若谷，虛心地接受他人的意見，當然可以幫助自己釐清混亂的思緒，有時說不定這是及時照亮自己生命的一盞明燈。

可是，有時候，「貴人」一下子出現太多，給了完全相反的建議，那麼究竟該聽誰的呢？會不會反而讓原本的情勢變得更加混亂呢？

萬一，別人的建議和自己的思考方向截然相反，那麼又該如何是好呢？如果斷然推拒，又是否會被視爲不知好歹或目中無人呢？

有一回，日本知名的歌舞伎大師勘彌，在劇中扮演古代一位徒步旅行的旅人，當他正要準備上場表演時，一個門生好意地提醒他說：「師傅，您的草鞋帶子鬆了。」他回答了一聲：「謝謝你。」然後蹲下來，繫緊了鞋帶。

然而，當他走到門生看不到的舞台入口處時，卻又蹲下，將才剛繫緊的鞋帶又再度扯鬆。

戲一開鑼，才知道他是想以拖著鬆鬆垮垮的草鞋，來表現旅人長途旅行的疲態，如此細膩的演技，讓人看出勘彌的過人之處。

這一幕，正巧落入一位到後台採訪的記者眼中，等戲演完了，記者連忙藉機問勘彌：「為什麼你不直接告訴那位門生你的想法呢？很顯然，他是不懂得這幕戲的真諦呀。」

勘彌只是笑笑地回答說：「對於別人的親切關愛與好意，必須坦然接受，想要教導學生演戲的技能，機會多得是，在今天的場合，最重要的是，要以感謝的心，去接受別人的提醒。」

的確，別人提出的建議，不論適不適用，多半都是出於好意與關心，是以善意爲出發點。但是，既然是別人，自然就不會明白自己內心的眞實想法，有時難免會有幫錯忙或幫倒忙的情事發生。

爲了規避這種狀況發生，是否就非得採取斷然拒絕的方式？

如果勘彌直接拒絕門生的好意，要他不必雞婆，那麼，是否會因此刺傷門生，使他心中產生羞愧的陰影？至於勘彌本人，即將上台的心情，是否也會因此受到影響？

讓對方伸出的友誼之手僵持在半空中，下不了台的恐怕不只對方一人吧，想必連當事人自己也會尷尬得很！

所以，勘彌的處理方式很值得讓我們進一步思考。勘彌當然可以直言不諱，指出門生不懂之處，給他當頭棒喝，這個教訓應該會讓門生印象深刻，但是，相對的，心中的羞辱感，必定也是久久揮之不去吧！

如何透過委婉的方式讓門生理解事物的眞諦，才是教育的最佳形式。

傳道、授業、解惑，可不是只有一種方法而已，重要的是從各個層面讓學生有所學習，有所收穫。勘彌溫和不傷人的做法，顧全了彼此的尊嚴，也維持了當時的和諧氣氛，不愧是一代宗師。

當感受到別人的善意時，別忘了要以善意回報；懂得體貼別人的感受，才能獲得別人的尊重。

罵人不必帶髒字

當人們不能以高談闊論引起別人的誇讚之時，他們常常以沉默來引起別人的注意。

——比爾斯

用舌尖代替刀劍

征服一個人，乃至於征服一群人，用的往往不是刀劍，而是舌尖。「有話好說」，仍是我們必須窮一生來學習的藝術。

春秋時期，輔佐齊桓公稱霸諸侯的一代名相管仲曾說：「聖人擇可言而後言，擇可行而後行。」

眞正聰明睿智的人，最大的特點就是，只要看到事物的外貌，就能夠運用智慧去理解它的本質，並且用最適當的方法去面對。

因此，他們總是可以找到最合適的語言，貼切地表達自己心中的意念，然後達到自己想要的目標。

狄摩西尼曾說：「一條船可以由它發出的聲音知道它是否破裂，一個人也可以由他的言論知道他是聰明還是愚昧。」

這句話告訴我們，人們往往用心裡的思想來評斷自己，但是，別人卻會從你口裡說出來的話來評斷你這個人。

紀曉嵐是眾人皆知的機智才子，此外，他還是個絕佳的溝通高手。

紀曉嵐小的時候就已經非常有大將之風了，有一次，他和幾個孩子在路邊玩球，一不小心，把球丟進了一個轎子裡。

大家匆匆忙忙跑過去一看，這下不得了！轎子裡坐的竟然是縣太爺，不僅如此，那顆皮球還不偏不倚擊中了他的烏紗帽！

「是誰家的孩子膽敢在這裡撒野？」

烏紗帽被天外飛來的一球打歪的縣太爺怒斥道。

孩子們一哄而散，唯獨紀曉嵐挺著胸膛，走上前去想討回皮球。

紀曉嵐恭敬地對縣太爺說：「大人政績卓越，百姓生活安樂，所以小輩們才能在這裡玩球。」

縣太爺一聽，氣馬上消了一半，笑著說：「真是個小鬼靈精！這樣吧，我出個上聯給你對，要是你對得上，我就把球還給你。」

縣太爺環顧了一下四周，出了道題目：「童子六七人，唯汝狡！」

紀曉嵐眼睛一轉，說出了下聯：「太爺二千石，獨公……」

「獨公什麼？趕快說啊！」

「大人，如果把我的球還給我就是『獨公廉』，要不然就是『獨公……』」紀曉嵐故意支支吾吾不說下去。

縣太爺看到這種情形，不由得哈哈大笑，一邊把球還給紀曉嵐，一邊笑罵道：「好小子，真有你的！我才不要中了你的圈套，成了『獨公貪』咧！」

一言定江山，一個人的談吐便有可能改變他的一生。

六〇年代，美國有一位民權運動者，在街頭巷尾宣傳「種族平權運動」。他的聲音冷靜，但用字遣詞充滿張力，一波接著一波的言語像一首交響樂，以銳利的形勢層層疊上、推進人心。

當他終於以最深沉的嗓音嘶吼出：「我有一個夢！我有一個夢！」時，台下的群眾全被震懾住了，他們瘋狂地回應著：「阿門！阿門！」

這個名叫馬丁路德·金恩的民權運動者，便以這篇著名《我有一個夢》的演講襲捲群眾，改寫了美國的歷史。

征服一個人，至於征服一群人，用的往往不是刀劍，而是舌尖。

我們也許沒有紀曉嵐的機伶，沒有馬丁路德的魅力，但是「有話好說」，仍是我們必須窮一生來學習的藝術。

罵人不必帶髒字

虛偽狡詐的人，最明顯的特徵就是：他們有一張嘴巴、兩根舌頭，以及三個腦袋瓜。

——巴基斯坦諺語

如何壓制對方的氣焰？

有些爭強好勝的人不能理解別人的謙讓，還以為自己真的了不起，由此而變本加厲，更瞧不起人、不尊重人了。

一七九六年，年僅二十七歲的拿破崙榮升義大利方面軍團司令。但是，由於他的身材矮小，而且軍中資歷又淺，部隊裡的高階將領都表現出一副瞧不起他的模樣，而且經常出言頂撞。

拿破崙為了樹立自己的領導權威，決定採取強硬手段。

有一回，一個名叫奧熱羅的將領和拿破崙發生激烈爭吵，拿破崙冷冷地抬起頭，望著眼前的奧熱羅，對他說：「你的身高正好比我高出一個頭，但是，要是你繼續對我無禮，我就會馬上取消這個差距。」

拿破崙的強硬態度，終於使得軍隊裡的其他將領不敢再造次。

辦公室中，總有幾個人喜歡爭強好勝。這種人根本無法容忍別人的能力、才幹超過自己，總認爲自己天下第一，誰也沒他強。

這種人狂妄氣十足，自我炫耀、自我表現的慾望非常強烈，哪怕是一件小事也要證明自己比別人強，比別人正確；遇到競爭對手時，總是想方設法地排擠他人，不擇手段地打擊別人。

對這種人，大家雖然內心覺得可笑、幼稚，也瞧不起他，但是，另外一方面，又不願爲了小事得罪他，傷了團體內部的和氣，於是，往往採取了遷就和忍讓的態度。即使是領導者對於這種讓人頭痛的人物，也多半是睜一隻眼閉一隻眼，只求不要正面和自己作對。

這種心態是不對的。追求和諧，以和爲貴，這無疑是人際交往中一個重要原則。爲了顧全大局，在某些方面做一些必要的退步和忍讓，本身並沒有錯。但關鍵是，有些爭強好勝的人卻並不領這份情，甚至不能理解別人的謙讓，還以爲自己眞的了不起，變本加厲，更瞧不起人、不尊重人了。

顯然，對這樣的人，是不能一味遷就的，一定要設法像拿破崙一樣，在適當的時候，給以顏色瞧瞧，以適當的方式來壓一壓他的爭強好勝的氣焰，使他知道天外有天、人外有人。

當然，在使用這一招的時候，也要看到爭強好勝者中的區別。

有些人是因爲性格和本性之使然，這種人是很難改變的，不妨加大力度。

還有一些自命不凡的年輕人，由於社會經驗不夠，不知天高地厚，初生牛犢不怕虎。對於這種年輕人，不妨多從正面來引導和點撥，開拓其眼界、增長其見識，使他們變得謙虛謹慎些。

罵人不必帶髒字

諂媚者的藝術是：利用大人物的弱點，沿襲他們的錯誤，永不給予可能會使他們煩惱的忠告。

——莫里哀

找出癥結，問題就能順利解決

當你了解了問題的癥結在哪裡，你便可以得知該從哪裡下手。世界上沒有解決不了的問題，有的只是你不了解的問題。

當問題發生時，你看到的只是表面的結果；問題爲什麼會發生，這才是你眞正應該探究的原因。

找出根源，你也等於找出了答案。

業務員小周有一個令他十分頭疼的客戶，這個客戶專愛拖帳，而且往往一拖就是好幾個月。

為了這個客戶，小周不知道被經理數落了多少次。其實，並不是他不積極地去催帳，只是這家公司老闆老謀深算，只要秘書一聽見電話那頭傳來小周的聲音，便會馬上接著說：「我們老闆不在。」然後，「喀嚓」一聲掛斷了電話，叫小周向誰開口要錢呢？

若是直接跑到客戶的公司門口，櫃檯小姐一看到他，便一定會中氣十足地扯著嗓子喊道：「真是不巧，我們老闆今天不在咧！」

做生意做得這麼痛苦，小周不是沒想過乾脆不要和這家公司打交道，只是市道冷清，如果放掉這隻大魚，可能會連魚乾都吃不到！為了長期的利潤著想，小周只好硬著頭皮，一次又一次上門去碰釘子。

終於有一天，小周想出了一個對症下藥的辦法。他匆匆忙忙來到客戶的公司，照例，在門口就吃了櫃檯小姐的閉門羹，她大聲喊道：「我們老闆不在，請你先回去，等老闆回來我再請他打電話給你。」

小周只好點了點頭，轉身走向門口。臨出門前，像是忽然記起了一件事情，他走回櫃檯，從公事包裡掏出一封信交給櫃檯小姐：「要是妳老闆回來了，麻煩妳把這封信轉交給他。」

說完，小周就急忙離去。

過了一會兒，又看到小周氣喘如牛走回來，他上氣不接下氣對櫃檯小姐說：「很對不起，剛才的信給錯了，請妳還給我。這封信才是給妳老闆的。」

櫃檯小姐走到辦公室裡拿了那封信出來交還給小周。

小周瞄了信封一眼，發現信封已經有被拆開過的痕跡，興奮地說：「太好了！妳老闆已經回來了，請妳帶我去見他。」

就這樣，小周順利見著了老闆，拿到了貨款。把貨款放進公事包的同時，他看了看皮包裡那封被拆開的信，信封上寫著：「內有現金，請親啟。」

小周臉上浮現了得意的笑容。

小周的問題是什麼？他有一個貪心的客戶，因爲貪心，所以拖帳，如果想要成功收回帳款，必須先從人性的貪婪面著手。

任何問題的答案，都隱藏在問題之中。沒有人可以處理一個自己不知道是什麼問題的問題，解決問題的第一步，是深入了解。

如果對方是一個貪心的人，你就必須誘之以利；如果問題只是來自於誤解，你便可以釜底抽薪。

當你了解了問題的癥結在哪裡，你便可以得知該從哪裡下手。世界上沒有解決不了的問題，有的只是你不了解的問題。

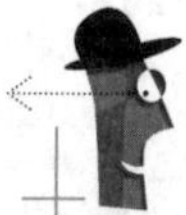

罵人不必帶髒字

人類是經由批評才走出蠻荒叢林，走向文明生活的；第一個反對赤身裸體、勸人穿上衣服的人，就是第一個批評家。

——戈德金

發飆之前先瞭解狀況

一定要管好自己的口，要牢記一句話：「沒有調查就沒有發言權。」見到問題時，先別忙著發怒和批評人，而是瞭解情況。

富蘭克林曾經提醒我們：「當發怒和魯莽開步前進的時候，悔恨也正踩著兩者的足跡接踵而來。」

遇到不如意的事情就勃然大怒，只不過是宣洩自己的不滿情緒，絕不會幫助自己解決問題，或是走出困境。

某企業的一個市場調查科長，因為提供了錯誤的市場訊息而造成了企業的重大損失。犯了這樣嚴重的錯誤，毫無疑問的，總經理可以不問理由地對他進行斥責，甚至撤職。

但是，這位怒上心頭的總經理，還是忍了忍，他想得先瞭解一下：到底是這位科長本身不稱職而聽信了錯誤訊息呢，還是由於不可預料的原因導致的？

於是，總經理壓下了心中的怒火，心平氣和地把科長叫來，叫他把為什麼判斷失誤的原因寫一個報告交上來。

事情就這樣拖了一段時間，幾個月之後，這家公司因為這位市場調查科長提供的訊息研判極為準確而飽賺了一筆。

於是，總經理又叫人把那個科長請來，說道：「你上次的報告我看了，你們的工作做得不太細緻，有一定責任，但主要是不可預測的意外原因造成的。因此，公司決定免除對你的處罰，你也就不要把它再放在心上，只要以後記取教訓就行了。這一次，你做得不錯，為公司提供了重要訊息，我們仍然一樣地表揚你。」

說完之後，總經理隨即從辦公桌裡拿出一個紅包遞給他，這個科長接過來時，不禁眼眶泛紅。

俄國文豪屠格涅夫曾經這麼說：「開口之前，應該先把舌頭在嘴裡轉十個圈。」

身為領導者千萬不能隨便發飆，批評下屬之前，一定要把情況瞭解清楚：這個錯誤是不是他犯的，這個錯誤是由於主觀原因，還是客觀原因……等等。

如果你一看到下屬出了問題，就不管三七二十一痛加批評和指責，假如他眞錯了，也許就默認了；如果不是他的錯，肯定會對你滿肚子意見。雖然口頭上不說，但他心裡一定怨恨：「你怎麼連情況都不問清楚，就隨便罵人呢？眞差勁！」

因此，千萬要切記，開口批評人之前，一定要瞭解事實，在心裡問一下自己：「我不會搞錯嗎？」

否則，不僅落了個亂罵人的壞名聲，事後還得向下屬賠禮道歉。

而且，就算是你能放下架子，坦率地向下屬說：「對不起，是我弄錯了」，下屬所受的傷害和內心對你的憎惡，也很難一下子就冰釋。

如果你瞭解這個錯誤確實是下屬犯的，也還要進一步調查和思考，這個下屬該承擔多大的責任？錯誤的原因是不可避免的，是一時的疏忽，還是責任心不強，甚至是明知故犯？

因此，你一定要管好自己的嘴巴，要牢記一句話：「沒有調查就沒有發言權。」見到問題時，先別忙著發怒和批評人，而是瞭解情況。

這樣一來，主動權就操在你的手裡，你想在什麼時候、採取什麼方式對他進行批評，完全由你決定。

罵人不必帶髒字

社會是一個化裝舞會，人人都掩飾著自己的真面目，但又在掩飾之中暴露了自己的真實面目。

——愛默生

適當的場合提出適度的批評

> 不注意場合隨意批評人的領導者，不僅會傷了部下的面子和自尊心，也會壞了自己的形象和威信。

穿衣要看天氣，批評也要看場合。

批評下屬一定要注意場合，而且不能像潑婦罵街。

因爲，是大部分人都不願意看到上司斥責部屬，不願看到自己的同事被責罵。當然，有的人會幸災樂禍，但大部分的人是會站在這個被責罵者一邊的。

不注意場合隨意批評人的領導者，不僅會傷了部下的面子和自尊心，也會壞了自己的形象和威信。

有的人喜歡在衆人面前斥責下屬，並不是因爲出於氣憤，而是想經由這種方式向上級、客戶或者其他部屬表明這不是他的錯，而是某個下屬辦事不力造成的。

事實上，這種做法也是幼稚的。

一是，你既然身爲一個部門的領導，就得對這個部門的所有事務負起責任。如果你一味強調自己不知情，只會使你在掩飾的同時，暴露出你的另一面缺失，那就是你管理不力，或由你所主持制定的管理規則不健全。

更重要的是，你的這種推卸責任的行爲，會讓其他的部屬看了心寒，他們會覺得你是一個自私、狹隘、沒有器量的上司。

二是，如果一出了問題，你就把責任往下屬身上推，拿下屬做擋箭牌，那麼，毫無疑問，這個下屬從此就有可能對任何工作都不再熱心。

而且，他還會在心裡想著：「好啊，這次你拿我當替死鬼，那我們就騎驢看唱本——走著瞧吧！」

更要命的是，如果你的部屬是一個脾氣暴躁的急性子，他也許當場就和你針鋒相對，大吵起來。

這時，他也許會把你一些見不得人的黑幕抖出來，然後揚長而去。當著那麼多旁觀者，誰的處境最尷尬？最終還不是你丟了自己的面子。

因此，在發生問題的時候，即使你確定是下屬犯的錯誤，也應該把他喊到辦公室，在沒有第三者的情況下進行批評。

罵人不必帶髒字

如果你懷疑別人在說假話，那麼最好假裝相信。這樣，他就會更加大膽，編出更大的謊言。

——叔本華

PART 4

與其獻醜，不如藏拙

一個人的優越與否絕對不是光憑嘴上功夫就能展現的，如果你真的夠好，不用你自己說，別人也會看得出你的好。

與其獻醜，不如藏拙

一個人的優越與否絕對不是光憑嘴上功夫就能展現的，如果你真的夠好，不用你自己說，別人也會看得出你的好。

最響的桶子，裝的往往只有半桶水；最自以為是的人，會的通常也只是一些皮毛，他們什麼都知道，就是沒有聽過「獻醜不如藏拙」這句話！

莎士比亞曾說：「驕傲自大的人，結果總是在驕傲裡毀滅自己。他一味地對鏡自賞，自吹自擂，遇事只會浮誇失實，到頭來只是事事落空而已。」

要讓一個夜郎自大的人看清自己的嘴臉，只有用別人的驕傲給他做鏡子。倘若對他卑躬屈膝，只會助長他的氣焰。

有一個秀才借住在寺廟中讀書，他驕傲地認為自己才高八斗，因此常找一些機會和趙州禪師抬槓。

「禪師，我佛慈悲，向來不願意違背眾生所求，是不是真的？」秀才問道。

趙州禪師不疑有詐，回答：「是的。」

秀才狡黠的進一步說：「那麼，如果我想要您手上的拐杖，你應該不會吝嗇得違背我的要求吧？」

「我怎麼能給你呢？君子不奪人所好。你讀了這麼多書，難道連這麼簡單的道理都不懂嗎？」

秀才自知理虧，但仍不服氣，強辯道：「我不是君子。」

禪師正色說：「那我也不是佛。」

秀才受了一肚子窩囊氣，自然不肯善罷干休。隔了幾天，他坐在大廳裡休息時，趙州禪師從他身旁走過，他竟然不理不睬。

禪師有些生氣，教訓他：「年輕人看到長者過來，怎麼不知道站起來？這是最基本的禮貌啊！」

自認為很通曉禪機的秀才說：「我坐著行禮，就等於站起來行禮。」

趙州禪師聽了沒有加以反駁，忽然伸出手，重重打了秀才一巴掌。

秀才被突如其來的一掌嚇到，臉上一陣青一陣白，接著捂著自己的臉怒喝道：「你憑什麼打我？」

只見趙州禪師雙手合掌，悠悠地說道：「既然你坐著如同站著，那麼我打你，就如同不打你。」

說完之後，趙州禪師緩緩轉身走開，大廳裡只留下為自己自作聰明而感到懊悔不已的秀才。

班傑明·富蘭克林曾說：「爭辯是兩個人玩的遊戲，然而它是一種奇怪的遊戲，沒有任何一方曾經贏過。」

如果只是逞一時的口舌之快，就算把別人批評遍體鱗傷，讓對方啞口無言，也不能夠代表你處處都比他優越，不是嗎？

充其量，也不過說明了你「好辯」、「口才好」、「能言善道」而已，而且更加證明了你「小氣」、「沒口德」、「斤斤計較」……等負面的性格。

一個人的優越與否絕對不是光憑嘴上功夫就能展現的，如果你真的夠好，不用你自己說，別人也會看得出你的好。

少說一句，正是你做得最對的一件事。

罵人不必帶髒字

跟女人講話的時候，要像你愛過她似的；跟男人講話的時候，要像你恨過他似的。

——王爾德

適時放對方一馬

有些人一陷入爭鬥的漩渦便不能自拔，為了利益或為了面子，硬要爭得你死我活。一旦自己在法理上佔上風，更是得理不饒人。

英國作家哈茲里特曾經說道：「在所有情況下，凡是我們對某種事物表示出極大蔑視的時候，那正清楚地說明了，我們是感到與它們處在十分接近的地位上。」

因此，面對我們討厭的人，只需消遣幾句就行了，不必在言語上或行爲上和他們進行無謂的爭鬥。

法國哲學家伏爾泰天生伶牙俐嘴，喜歡譏諷同時代的社會名流。

有一天，他和一位朋友閒聊時，卻十分難得地，將一位試圖與他一較長短的同輩作家大大的讚揚一番。

他的朋友聽完之後，十分不以為然地說：「難得你這麼慷慨大方地稱讚這位作家，可是他卻經常在背後說你壞話，還到處對別人說你是個不學無術的騙子、陰狠歹毒的偽君子。」

伏爾泰聽完，不以為意地笑著說：「其實這沒什麼，你知道，我們兩個人一向都喜歡說反話！」

在競爭激烈的現代社會中，不少人由於各種各樣的原因而與人爭鬥，有些人一陷入爭鬥的漩渦便不能自拔，爲了利益或爲了面子，硬要爭得你死我活。

有這種傾向的人，一旦自己在法理上佔上風，更是得理不饒人。

必須謹記「得饒人處且饒人」的道理，適時放對方一馬，讓他順著台階下，別弄得對方太沒面子。

其實，原諒敵人並不是很難做到，如果你能做到這一點，你在朋友之中的聲譽，無形中會提升許多，日後絕對會大有好處。

因爲，對方理虧之時，你卻能不加計較，寬宏大量原諒他，讓他留住顏面，他必定會心存感激。

即使他不心存感激，也不應該把對方逼進死胡同，因爲，你若一再進逼，讓對方走投無路了，他爲了「求生」，就可能不擇手段地以耳語或小動作進行反撲，必定對你造成巨大的威脅。

更何況，誰能保證日後你和他不會「冤家路窄」？屆時他若強過你，你豈不也要吃虧？

罵人不必帶髒字

如果一個人相當熱衷於勸告別人，這無疑正說明了，其實最需要勸告的人是他自己。

——哈利法克斯

用對方的荒謬說法駁斥對方

人與人交涉之時，若是對方提出不合理的要求時，就要誘導對方陷入自相矛盾的狀況，使他走上一條自我否定的道路。

美國作家豪說：「在蠻荒的古代，人們用斧頭相鬥，文明人埋掉了斧頭，他們的格鬥，靠的是舌頭。」

在用舌頭當武器的人性戰場上，如果你想要「開罵」，不一定要出口成「髒」，不妨用「罵人不帶髒字」的方式進行調侃、反諷。幽默的說話方式，不僅可以爲彼此留下餘地，避免爆發衝突，而且更能發揮效用。

一九一七年的某一天，俄國詩人馬雅可夫斯基上街買生活用具的途中，聽到一個女人中傷布爾什維克（前蘇聯共產黨前身）：「布爾什維克是土匪，是強盜，他們殺人，放火，搶女人……」

馬雅可夫斯基聽了火冒三丈，於是大聲喊道：「快抓住她，她昨天偷了我的錢！」

「你說什麼呀？」女人極力爭辯：「你搞錯了吧？」

「沒錯。」馬雅可夫斯基對圍觀的人群一本正經地說：「就是這個女人，偷了我二十五盧布。」

人們都對這個被指為竊賊的女人怒目相視，還有人對她吐口水。後來，人群漸漸散去，那女人淚流滿面的對馬雅可夫斯基說：「上帝可以作證，你瞧瞧我吧，我可是頭一次看見你呀！」

馬雅可夫斯基認真的道：「可不是嗎？太太，妳才頭一回看見布爾什維克，怎麼就大罵起布爾什維克來了？我勸妳回家之後，好好地想想剛才妳說過的話吧。」

馬雅可夫斯基擊倒那個以惡毒語言中傷布爾什維克的女人，用的是「請君入甕」

的歸謬法。

他先以女人「布爾什維克是土匪」的論點爲前提，然後讓她自己否認「她昨天把我的錢袋偷走了」這個論點。她的理由是「我可是頭一次看見你」，如果她是小偷的話，則今天應該是第二次見面才對，所以她不是小偷。

同樣的，她「頭一次見到布爾什維克」，又怎能說「布爾什維克是土匪」呢？有什麼根據呢？馬雅可夫斯基把她的論點推演到非常明顯的荒謬結論，證明她說話的虛假性。

一個大學生考上研究所後，拋棄妻子，在新的生活圈子裡找戀人。面對同學們的批評，他狡辯說：「身分地位變了嘛，對從前的伴侶失去了感覺，所以為什麼不可以再尋找真正的愛情？」

一個同學針對他的論點「身分地位變了」提出反駁，說道：「如果一個人的身分地位變了，和從前的伴侶沒有了共同語言，從而也就失去了愛情的話，那麼，倘若你從碩士升到博士、副教授、教授的時候，不知該談多少次戀愛，尋找多少回『真正的愛情』了。」

還有一個更有趣的荒謬故事，也是運用這種原理。

從前一個吝嗇的地主叫家裡的長工去買酒，卻不給錢。

長工問：「老爺，沒有錢怎麼能買到酒呢？」

「花錢買酒誰不會？不用花錢錢就能買到酒，才算有本事呢！」臉厚心黑的地主詭辯地說道。

於是，長工拿著空瓶去一位以機智聞名的書生那裡訴苦。書生見他哭得可憐，認為這個地主小氣得太過荒唐，就給他出了個主意。

於是，長工笑嘻嘻地拿著空瓶回去，對地主說：「老爺，酒買來了，請老爺好好喝上兩盅吧！」

地主見仍是空瓶，裡頭根本沒有酒，便大發脾氣。

長工氣定神閒，笑著說：「酒瓶裡有酒誰不會喝？要是能從空瓶裡喝出酒來，那才叫有本事呢！」

書生教長工用歸謬法制伏了地主：如果他認爲「從空瓶裡喝出酒來」是荒謬的，那麼也就否定了自己「沒錢能買到酒」的荒謬說法。

人與人交涉之時，若是對方提出不合理的要求時，就要誘導對方陷入自相矛盾的狀況，使他走上一條自我否定的道路。

怎樣才能讓對方在誘導下，慢慢走上自我否定的道路呢？這就得在改變對方荒唐論斷的表達形式時，既讓他感到推論不合情理，又不能先讓對方察覺到是自己原本的觀點，才能讓他說出反對自己的話來。

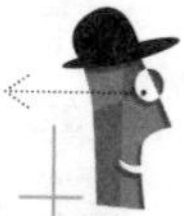

罵人不必帶髒字

說服別人的最基本原則是，先設法解除對方的戒心，然後再趁機發動猛烈的攻勢。

——雷根

面對強詞奪理，要懂得反唇相譏

日常交際中，常會碰到一些喜歡惡意諷刺、挖苦別人的人。為了維護自己的尊嚴，同時也給對方一個教訓，應該抓住他的謬誤要害，反過來進行反諷。

聰明成熟的人，不會動不動就「據理力爭」，搬出一大套道理試圖說服對手，也不會氣急敗壞指著鼻子大聲數落對方的不是，而會用機智的言行，讓對方認清自己的謬誤。

有種隱含假設式的誘問，是引人上鉤非常高明的手法。

一天，少年華盛頓家中丟了一匹馬，有人指證說是被附近的鄰居偷走了，於是，他請一位警官陪著去索討。但是，鄰居不肯歸還，聲稱那是自家的馬。

小華盛頓於是上前用雙手蒙住馬的眼睛，然後問偷馬的鄰居：「如果這馬是你的，請告訴我，馬的哪隻眼睛是瞎的？」

鄰居想了一下，猜測說：「右眼。」

小華盛頓放開右手，馬的右眼明亮有神，顯然沒有瞎。

「我說錯了，馬的左眼才是瞎的。」鄰居急忙改口辯解。

小華盛頓又放開左手，結果馬的左眼也是雪亮的。

這時，警官嚴厲地說道：「這樣一來，已經證明馬不是你的，你必須立刻把馬還給華盛頓先生。」

小華盛頓採用的隱含假設式誘問，問話中帶有圈套，才能出奇制勝，讓鄰居措手不及。這種隱含假設式誘問，也常運用到談判或辯論當中，聰明的談判者和辯論者都會以此來戳穿對方的謊言。

另外，在論辯中，只要揭露對方依據是虛假的，那就如同蝕根倒樹一般，對手的論點很容易就會被推翻。如果對方無理取鬧、強詞奪理，你也不可示弱，適當地運用一下也未嘗不可。

使用這種方法時，要承接對方的講話內容，以其中的語句做反擊，順序推倒對方的論點。

法國細菌學家巴斯德前往巴黎參加學術會議，旅館接待員安排他住在一個陰暗潮溼的小房間裡，因為他的衣著看起來不名門貴族，像老百姓一樣普通，行李箱又舊又簡單，因而被認定是個窮酸老頭。

巴斯德受此待遇很生氣。

後來，那個接待員得知他是個名揚四海的大教授時，笑容可掬地向他道歉說：「我以為人的外表和他的聲名是成正比的，所以，我把您弄錯了，實在對不起……」

「不，我認為一個人外表和無知才是成正比的。」巴斯德不等他說完，立即反譏一句，羞得接待員面紅耳赤、無地自容。

巴斯德教授機智的反唇相譏，無疑是用深刻的語言，點出對方以貌取人的勢利心態。

反唇相譏多是爲了批評自己看不慣的現象，諷刺和挖苦醜惡的行爲。

在一輛電車上，一位老太太上車後，發現車上已經沒有空位，只好站著忍受顛簸之苦。此時，有位先生從座位上站起來，客氣地讓座，這位老太太泰然坐下之後，竟然吭都沒吭一聲。

鄰座一位先生對老太太不禮貌的行為很不滿，轉身問那位老太太：「老太太，您剛才說什麼呀？」

老太太覺得奇怪，莫名其妙地回答：「先生，我什麼話也沒說呀！」

那位先生立即致歉，說道：「喔？真是對不起，我還以為是您向這位讓座的先生說『謝謝』呢！」

話音一落，哄笑聲差點兒把車廂震破。老太太這才知道自己的無禮，感到很不好意思。

人們在日常交際中，常會碰到一些心術不正，喜歡惡意諷刺、挖苦別人的人。爲了維護自己的尊嚴，同時也給對方一個教訓，應該抓住他的謬誤要害，反過來進行反諷。

罵人不必帶髒字

光是大聲叫嚷，並不能證明什麼事。一隻母雞只不過生了一個蛋，卻總是咯咯叫個不停，好像自己生了個小行星似的。

——馬克吐溫

給人面子，才不會得不償失

衝動地撕破臉固然大快人心，但是，撕破臉之後呢？你也衝動地斷送了自己的後路。

「面子」在中國人心目中可謂是一件大事，士可殺不可辱，侮辱別人是何等沉重的一條大罪？但是，當對方「自取其辱」時，你要如何保全對方的顏面，又設法達到自己的目的呢？

某次，鄭武公設宴款待來自各國的使者，餐桌上擺著精緻絕倫、刻著九條龍的酒杯供各國使者使用。每位使者把玩欣賞自己面前的九龍杯，都對上面精細的刻功讚不絕口。

宴會結束時，一個眼尖的侍衛看到胡國的使者，竟然趁別人不注意時，偷偷拿了一個九龍杯藏到自己的袋子裡。

他把這件事報告了大將軍，但大將軍擔心直接向胡國使者要回杯子，會使對方惱羞成怒，因此請示鄭武公的意見。鄭武公左思右想，到底要怎麼樣才能順利地取回這個九龍杯，又讓大家都和和氣氣的，不傷感情呢？

「好，我有辦法了！晚宴後不是安排民俗技藝給遠道而來的貴賓們欣賞嗎？我們就加一場魔術表演，讓各國使者開開眼界。」鄭武公的算盤已經打好，拈著鬍子，一副胸有成竹的樣子。

吃飽喝足以後，魔術表演正式登場，魔術師將三個九龍杯用黑布蓋起來，接著拿了個道具，神秘兮兮地對著黑布比畫一下，等到黑布被掀開時，三個九龍杯竟然只剩下兩個。

眾人鼓掌歡呼時，魔術師向觀眾表示，平空消失的杯子被他變到台下觀眾那裡了。然後，魔術師緩緩地走向胡國使者，彬彬有禮地請他打開袋子，便把袋子裡的九龍杯拿回台上。胡國使者雖然吃了悶虧，不過礙於情面，只能配合大家為這個精彩的魔術表演拍手叫好！

雖然鄭武公壞了胡國使者的好事，但是卻在達到雙贏的前提下，保全了胡國使者的面子。如果鄭武公當眾揭穿胡國使者令人不齒的行爲，即使最後取回九龍杯，卻也不免有小題大作的嫌疑，甚至引來吝嗇小氣的批評，就算有理，也是得不償失。

記住，多了個朋友就等於少了個敵人，給對方留條後路，也就等於給自己留條後路。衝動地撕破臉固然大快人心，但是，撕破臉之後呢？有時你也衝動地斷送了自己的後路。

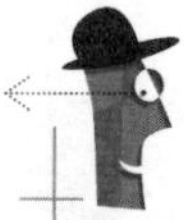

罵人不必帶髒字

千萬不要開傻瓜的玩笑，也不要和他們爭辯，否則，到最後旁人會搞不清楚，到底誰才是傻瓜。

——西魯斯

轉個話題可以化解僵局

洽談生意、聯繫工作隨時可能陷入僵局，只要還有轉圜餘地，就應該試著提出新話題。

有一天，著名的肖像畫家斯圖爾特和南北戰爭時期的名將「輕騎哈里」李將軍在一起聊天。

聊著聊著，斯圖爾特不經意地批評華盛頓總統的脾氣很暴躁。

幾天之後，李將軍應邀前去和華盛頓總統夫婦一起用餐，閒談之間便把斯圖爾特的話說了出來。

華盛頓夫人聽了相當不悅，滿臉通紅地罵說：「這個該死的斯圖爾特！他必須為這些話付出代價。」

李將軍見到自己不經意的一番話惹得總統夫人不高興，氣氛十分尷尬，連忙話鋒一轉：「不過，斯圖爾特認為，總統非常善於控制自己的脾氣。」

李將軍話一說完，只見一直繃著撲克臉的華盛頓總統，終於露出笑容：「他這話說得倒是不錯！」

俗話說：「話不投機半句多」，不投機的原因，往往是一方說了不該說的話，或是一方對話題不感興趣。

當你和朋友的談話陷入窘境時，不妨試著轉換話題，特別是提出對方感興趣的話題，就會使談話很快恢復正常，使氣氛活躍起來。

話不投機還有一種情況，就是有人有意或無意地拿別人的缺陷或痛處開玩笑，破壞了交談的氣氛。

例如，某人脫髮，快變成禿頭了，卻有人挖苦他是「電燈泡」、「不毛之地」。在這種情況下，他若是幽默地一笑置之並說：「這證明我是『絕頂』聰明！」這樣答覆，話題未轉，內容卻轉折了，既表現出自己豁然大度，又擺脫了窘境。

話不投機的另一種情況是雙方意見對立，儘管談不攏，但問題還要解決，不能迴避。

這種情況，就需要迂迴側擊，才能曲徑通幽。

洽談生意、聯繫工作隨時可能陷入僵局，只要還有轉圜餘地，就應該試著提出新話題緩和氣氛。

遇到窘境的時候，轉移話題或許能開闢新的途徑。

罵人不必帶髒字

相互讚美也許是出於真正的意見一致，但在騙子出沒的地方，它通常是一種毫無原則的勾結。

——安德列斯基

如何對待愛刁難部下的下屬

有些身為中層幹部的下屬，一嚐到權力的滋味，就會養成一個壞習慣，對人十分挑剔，尤其喜歡刁難自己的下屬。

斯特是一家公司的一個小主管，在專業技術方面非常熟練，但有一個很大的缺點，就是對於下屬所提的要求，哪怕是合理的，也要加以刁難、耽擱。

有次，一個下屬因身體不舒服要求請假，但斯特就是不准，對他說：「你忍耐一下，不就挺過去了？」

結果，導致這個下屬因延誤了治療時間而多花了不少冤枉錢。部屬們對他很有意見，並向公司的總經理反映他的行為。

總經理瞭解實際情況後，覺得斯特有點過分，不過，並沒有當面訓斥斯特，而是準備找個機會教訓他一下。

有一天，斯特駕駛公司的車子出外，在路上因撞傷人而被員警拘留。員警要他立即拿出一大筆款項，作為傷者的醫療費用擔保和違規罰款。

本來，公司的車輛有保險，費用只要公司總經理簽個字，臨時支用一下就行。結果，斯特打電話到總經理秘書那兒，總經理知道後，卻一反平素關心下屬的常態，告訴秘書說：「妳跟斯特說，總經理正在參加一個非常重要的會議，不能受到打擾，也無法脫身，請他忍耐一下，挺過去。」

於是，整整一個下午，可憐的斯特只得待在拘留所裡，望眼欲穿地等待公司的人來。直到夜幕降臨，總經理才簽字辦理這件事，斯特這才得以被釋放。

斯特回到公司瞭解整個情況後，再回憶秘書傳達總經理的「忍耐一下挺過去」的話，頓然醒悟，原來總經理不是不關懷他，而是有意讓他反省。

從此以後，他便完全改變自己，只要下屬提出的要求合情合理，他就會以最快的速度來辦理。

有些身爲中層幹部的下屬，一嚐到權力的滋味，就會養成一個壞習慣，對人十分挑剔，尤其喜歡刁難自己的下屬。

說他錯，又不完全錯，因爲他確實是在權力範圍內行事，而且也沒有違反規章制度。說他對，又顯得不近人情，因爲他對手下一點都不通情達理。

面對這種部屬，你應該像前述故事中的總經理，找機會讓他嚐嚐苦頭，他才有可能改變。

罵人不必帶髒字

如果你不想對一種說法或行為負責任的話，你就不妨借用別人的名義。

——莎士比亞

不同的角度有不同的解讀

無論從哪個方向看，決定權都在於你，當事情無法改變時，改變看事情的角度，你一定能找到出路。

想要溝通順利，順利達成目的，就必須先看穿對方潛藏的心思，用對方最喜歡聽的話語，準確無誤地傳達自己的意思。

想要提升自己的溝通能力，就必須學會表達能力，有時候還需要一些表演道具和言之成理的話語。

著名的寓言作家伊索，年輕時曾經當過奴隸。

一天，他的主人要他準備一桌最好的酒菜，款待一些德高望重的哲學家。當菜一盤盤端上來時，主人發現滿桌都是動物的舌頭，牛舌、豬舌、羊舌、鹿舌……簡直就是一桌舌頭大餐。

全桌客人出於禮貌，只敢小聲地議論，機靈的主人發現賓客們的竊竊私語和懷疑的神色，連忙氣急敗壞地把伊索叫進來與師問罪。

主人嚴厲地斥責說：「我不是叫你準備一桌最好的菜嗎？你準備這些東西究竟是什麼意思？」

伊索不慌不忙、謙恭有禮地回答：「在座的貴客都是知識淵博的哲學家，他們高深的學問需要用舌頭來闡述。對他們來說，我實在想不出還有什麼比舌頭更珍貴的東西了。」

哲學家們聽了他這番對舌頭的吹捧，都不禁轉怒為喜，紛紛開懷大笑。

第二天，主人又要伊索準備一桌最不好的菜，招待別的客人。

這批客人是主人住在鄉下的親戚，主人一向看不起他們，認為他們狗嘴吐不出象牙，只是一群老土的鄉巴佬，只有在逢年過節之時，主人才會勉強招待他們來家裡吃飯。

宴會開始後，菜一盤盤地端上來，卻仍然還是一桌舌頭大餐。主人火冒三丈，氣沖沖地跑進廚房質問伊索：「你昨天不是說舌頭是最好的菜，怎麼這會兒又變成最不好的菜了？」

只見伊索鎮靜地回答：「禍從口出，舌頭會為我們製造災難，引起別人的不悅，所以它也是最不好的東西。」

主人聽了，不禁啞口無言。

同一件事情、同一樣東西，因爲情境不同、認知不同，就容易產生不同的解讀。公說公有理，婆說婆有理，只要能夠說得出道理來，對和錯，又有什麼差別呢？

尼采曾說：「沒有真正的事實，只有詮釋。」

每一件事都有好多面向，你從不同的角度來看，看到的東西也就會有不同面貌。最好的東西到了另外一種情境，可能會變成最壞的東西，相同的，你棄如敝屣的東西到了其他人手上，也可能會是對方的無價之寶。

因此，當你從好的這一面看，映入你眼簾的會是世界的美好；當你從壞的一面看，只會看到一個千瘡百孔的人生。

無論從哪個方向看，決定權都在於你，當事情無法改變時，改變看事情的角度，你一定能找到出路。

罵人不必帶髒字

一句沒說出口的話還屬於你，有如劍還在你的鞘中，話一出口，你的劍柄就抓在別人的手中。

——比爾斯

懂得作秀才會加深別人的感受

再好的東西，如果包裝得不夠好，給人的印象也會大打折扣。與其在一旁沒沒無聞，不如跳出來譁眾取寵；只要是真材實料，何須擔心招人話柄？

不少人批評政壇人物愛作秀，作秀不一定是不好，如果可以利用作秀來爭取公眾福祉，也是一種巧思的表現。

古今中外，把政壇作秀藝術實踐得最好的，莫過於清朝的才子紀曉嵐。

乾隆皇帝平時公務繁忙，連休閒時間都不忘憂心國事，只要稍有空閒，乾隆皇帝就會找一些像紀曉嵐、劉羅鍋……等等學識淵博的才子，前來御花園陪他論古道今，飲酒作樂。

這一天，不知怎麼回事，紀曉嵐、劉羅鍋兩位情同兄弟的大臣，說著說著，竟然爭執起來了。

紀曉嵐問劉羅鍋：「你們山東的蘿蔔最大的有多大？」

劉羅鍋想都沒想就比劃起來，紀曉嵐看了看，頗不以為然地說：「你們山東的蘿蔔再大，也不可能比我們直隸的大。」

劉羅鍋當然不服氣，誰都知道山東的蘿蔔是出了名的大，這可是山東的特色、山東的驕傲啊！

於是，兩人你一言、我一語地爭論不休。

乾隆皇帝在旁邊聽了，覺得非常有趣，心想連這點芝麻綠豆的小事，也可以讓兩位學識淵博的王公大臣在這裡爭來爭去的。

於是，乾隆皇帝告訴二人：「你們兩個，明天就準備好你們轄區裡最大的蘿蔔，帶上朝來讓大家評一評。」

第二天，劉羅鍋帶著一個大蘿蔔上朝，朝臣們看到這麼大的一個蘿蔔，都嘖嘖稱奇、驚嘆不已。

接著，皇帝問紀曉嵐：「你的蘿蔔在哪兒？把你的蘿蔔抬進來吧！」只見紀曉嵐由袖口內掏啊掏地，掏出來一個手指般大的蘿蔔。大臣們看了都吃了一驚，說不出話來。

乾隆有些生氣了，沉著臉對紀曉嵐說：「你這是開什麼玩笑！」沒想到紀曉嵐卻不慌不忙，用非常誠懇的語氣說：「啟稟皇上，我找遍我們直隸全省，只找到這個蘿蔔是最大的。因為直隸省的土壤貧瘠，加上這半年來天災不斷，農作物收成不佳，百姓無法繳納太多的糧食，請皇上明鑑。」

乾隆是個廣納雅言的明君，想了半晌後便說：「直隸窮就少納些糧，山東富就多納些糧吧！」

劉羅鍋這時才恍然大悟，好一個紀曉嵐啊！竟然算計到兄弟頭上去了！

如果紀曉嵐只是直述直隸省的災情，必定不會引起這麼大的迴響與認同，但是，加了一些「道具」和戲劇化的演出，就加深了人們的感受。

同一件事，用不同的方式呈現，所得到的效果也大不相同；這是「作秀」的好處，也正是「包裝」的藝術啊！

再好的東西，如果包裝得不夠好，給人的印象也會大打折扣。與其在一旁沒沒無聞，不如跳出來譁衆取寵；只要是眞材實料，何須擔心招人話柄？

但是，「路遙知馬力，日久見人心」，一時的作秀只能幫你取得大家的注意，就像廣告一樣，如果實際產品不夠好，依舊無法在市場上生存。

作秀可以替你加分，卻不保證讓你得分。

罵人不必帶髒字

真正會講話的人，不是記著別人講過的話，而是能說出一些讓人牢牢記著的話。

——布朗

PART 5

拐彎抹角，才會罵得漂亮

蘇東坡文采飛揚，罵人不帶個髒字，讓老僧自取其辱，還不知道是怎麼一回事。如果你自認為有蘇東坡的文采，當然可以暢所欲言。

拐彎抹角，才會罵得漂亮

蘇東坡文采飛揚，罵人不帶個髒字，讓老僧自取其辱，還不知道是怎麼一回事。如果你自認為有蘇東坡的文采，當然可以暢所欲言。

有些話，你明白說出來會傷到人，但是不說出來又會不吐不快；婉轉地說怕人聽不懂，正經八百地說又怕人誤會你的一番好意。這些話該怎麼說？特別是那些……不該說的話？

宋朝著名的大文豪蘇東坡到莫干山遊玩，玩了一整天，又累又渴，遠遠看到一個小寺廟，便喜出望外地跑過去想要討杯水喝，順道休息一下。

廟裡的老僧看到穿著極為普通的蘇東坡，對他愛理不理。

為了想喝水，蘇東坡只好報上姓名。老僧一聽，原來是赫赫有名的蘇大學士，瞬間變了一個樣；不僅百般殷勤地奉上好茶，還請蘇東坡到上等客房休息。

待蘇東坡欲離去時，老僧臉上的笑容甜得像蜂蜜一樣，諂媚地說了一連串好話，要求蘇東坡題字留念。

蘇東坡面對這個勢利鬼，倒也不擺架子，立刻拿起筆來寫了一幅字：「日落香殘，免去凡心一點。火盡爐寒，備把意馬牢拴。」

老僧得到大學士的手墨，非常興奮，把這幅字掛到大堂之上，並且不時對過往香客洋洋得意地炫耀一番。

一天，一位文人來到寺廟裡，一見到掛在大堂中央的這幅字，忍不住捧腹大笑。老和尚看得莫名其妙，這個文人上氣不接下氣地解釋道：「這幅字寫得真妙，日落香殘是個『禾』字，凡字去了一點就是「几」字，合起來就是個禿字。爐去火是為『盧』，再加上馬就是『驢』。所以蘇大學士是在罵你禿驢哪！你竟然還這麼得意！真是笑死人了！哈！哈！」

蘇東坡文采飛揚，罵人不帶個髒字，讓老僧自取其辱，還不知道是怎麼一回事。如果你自認爲有蘇東坡的文采，當然可以暢所欲言，道盡你心裡想罵人的話。如果沒有，你又有什麼資格批評別人？

不該說的話，還是別說了吧！說得太好，別人懷疑你的居心；說得不好，別人又會因爲找不到台階下而遷怒於你，這種兩面不討好的事，何必處心積慮去做呢？

不必急於爲別人的人生下註腳，你應該做的，是好好經營自己的人生。當你德高望重，得到大家肯定時，不管你怎麼說話，別人都會覺得漂亮。

罵人不必帶髒字

我最喜歡跟磚牆講話，因為，我犯不著挖空心思出言諷刺它，它也不會惱羞成怒地反駁我。

——王爾德

面對八卦浪潮，要懂得虛晃一招

不實的謠言，不管你再怎麼強調你只是「聽說」，不管你之後如何道歉補救，傷害就已經造成。換成你是當事人，你做何感受？

最近這幾年，台灣幾乎要被八卦的浪潮所淹沒。八卦已經像是生活的調劑，茶餘飯後的娛樂，但是，這樣子捕風捉影、蜚短流長的無聊行爲，對你又有什麼實際上的好處呢？

幾個女同事聚在一起吃午餐，聊著聊著，就開始發揮某方面的專長，批評起這個部門的主管不好，那個部門的主管看起來色瞇瞇的；連董事長的兒子、女婿也難逃一劫，一個一個被拿出來評頭論足一番。

幾個女人七嘴八舌的，東一句西一句，越說越起勁。

正當她們聊到精采部分時，看到行政部門的小劉拿著便當走過來，就熱情地叫他過來一起用餐。多了位聽眾，女人聊八卦的功力更是發揮到極致。一位陳小姐正在批評剛上任的男經理，她悻悻然地說：「哼！什麼都不懂，還老是擺個臭架子，依我看，我們小劉都比他強多了。小劉！你說是不是啊？」

小劉正低著頭吃飯，無端端被捲入這場戰局裡，為了阻止這個話題繼續，小劉忽然抬起頭來，望了望四周，神秘兮兮地說：「但是，我聽經理說過他非常欣賞妳，還想約妳出去看電影，到底他約了沒？約了沒？」

大家聽了，原本一肚子的話頓時卡在喉嚨裡，眾人眼光不約而同地集中在陳小姐泛紅的臉上。這下子，陳小姐可成了八卦新聞的最佳女主角。

小劉的這招還真管用，接下來的時間裡，大家低著頭默默無語，幾個狐疑的目光輪流在陳小姐臉上打轉。說人者人恆說之，陳小姐終於嚐到被人在背後論長論短的滋味了。

當八卦製造機成爲八卦中的主角，這台機器的運轉功能一定會大大削減。的確，說別人那些無關痛癢的是非，可以有效地促進同事間的情誼，爲平淡的工作增添一些色彩；但是這種行爲，卻是把自己的快樂建立在別人的痛苦上。

不實的謠言，不管你再怎麼強調你只是「聽說」，不管你之後如何道歉補救，只要有一個人相信，傷害就已經造成。將心比心，換成你是當事人，你做何感受？

「根據可靠的消息指出，這個世界上根本就沒有可靠的消息。」一位幽默作家這麼寫著。謠言止於智者，但願你與我都能夠有這樣的智慧。

罵人不必帶髒字

對智者固然要稱道，對愚者也不應嘲笑，至於對誹謗的最好回答，就是無言的蔑視。

——恩格爾

用對方的邏輯來回答問題

甘羅以其人之道，還治其人之身，讓秦始皇自打嘴巴，啞口無言，不僅保全了君王的顏面，也保全了家人的性命。

歷史上有許多以「機智」聞名的人物，除了天資聰穎之外，還有足與聰明相輔相成的膽識，以及臨危不亂的反應，令人們嘖嘖稱奇，廣爲流傳。

你的大問題，到了他們手上可能根本不值得一提。爲什麼他們能夠這麼與衆不同？那是因爲思路不同，想法不同，所以看事情的角度也不同。其實，只要腦筋稍微轉彎，任何人都可以和他們一樣優秀！

史上最暴戾的皇帝秦始皇焚書坑儒、殺人無數，衆人對這個殘忍的暴君是又怕又恨，敢怒不敢言。

一次，秦始皇篤信方士的話，認為吃了公雞蛋就可以長生不老，因此命令朝中大臣甘茂前去尋找傳說中的公雞蛋。

任誰都知道，這個世上沒有公雞蛋，可是皇上非得到不可，這該怎麼辦呢？甘茂年事已高，對這道命令束手無策，只好坐在家中唉聲嘆氣，算算自己將屆的死期。

「爺爺！您有什麼心事嗎？」十二歲的甘羅看到爺爺愁眉不展地在房間裡踱步，便上前問道。

「唉！大王聽信方士的話，要吃公雞蛋以求長生不老。他命令我去尋找，要是三天之內找不到公雞蛋，我的項上人頭就不保了。」

甘羅一聽，也跟著著急起來。但他靈機一動，對爺爺說：「爺爺！您不用擔心，三天後我替您上朝去跟大王解釋。」

甘茂知道自己的小孫子非常聰明，但是再怎麼聰明的人也沒辦法在世界上找到公雞蛋。他想，反正橫豎都是一死，不如就讓小孫子試一試吧！說不定大王看在小孩子的份上，會饒了自己一命也說不定。

三天之後，甘羅不慌不忙地隨著一班大人走進宮殿。秦始皇一聽說他是甘茂的孫子，暗想一定是他爺爺畏罪潛逃，才讓一個小孩獨自跑來宮殿；真是太過分了，根本不把自己放在眼裡！

秦始皇生氣地問：「你來幹什麼？是不是你爺爺找不到雞蛋不敢來了？」

「啟稟陛下，我爺爺不是不敢來，只是他來不了。」甘羅冷靜地說：「他在家生孩子呢！所以我只好替他來見陛下了。」

「一派胡言！」秦始皇覺得這個胡言亂語的孩子非常有趣：「你這孩子亂說話，一個大男人怎麼會生孩子呢？」

「公雞都能下蛋了，男人怎麼不會生孩子呢？」甘羅反問道。

秦始皇一聽，知道自己被反將了一軍，但又不得不輸得心服口服。他看出甘羅人小智慧高，並稱讚他是：「孺子之智，大於其身。」

於是，十二歲的甘羅在秦始皇的賞識下官拜上卿，成了中國有史以來年紀最小的一位官員。

甘羅以其人之道，還治其人之身，讓秦始皇自打嘴巴，啞口無言，不僅保全了君王的顏面，也保全了家人的性命。這個故事說明了，只要懂得反向思考，舉一反三，找出問題的答案應該沒有你想像的那麼困難。

人有千百種，紛爭永遠擺不平；但是當你能站在別人的角度，用他的邏輯來思考問題，那麼說出他想聽到的話，甚至解開他心中的結，都會更加得心應手。

因爲，你用的不只是你自己的想法，還借用了別人的智慧；你說，有誰能夠比你更聰明？

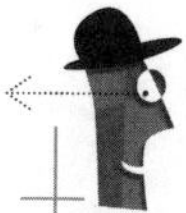

罵人不必帶髒字

在生活的拳擊比賽中，天才用舌頭代替拳頭，機智幽默就他們靈活的攻擊步伐。

——麥斯勒

用委婉的口氣說出批評的話語

每個人都設身處地的替人著想，哪裡還會有什麼不滿的情緒？更別說會造成什麼人與人之間的隔閡、代溝了！

有一句話說：「人必自重而後人重之。」

這句話是提醒人要時時注意自己的行爲得不得體。然而，一個人太過「尊重」自己，往往會變成「自視過高」，甚至「自私自利」，凡事只想到自己的評價。

「自重」也許會讓別人不能不「重視」你的存在，但是只有當你也以同等的尊重對待別人時，別人才會打從心底的「尊重」你。

讀書時，小林曾在美國的一家速食店打工。剛上班不久，他對工作的程序還不熟練，錯把一小包糖當作奶精給了一個女客人。

因為他一個小小的疏忽，使得這位女客人非常生氣。也許是因為她正在減肥，或是才剛失戀，她當著所有客人的面大聲對小林咆哮，簡直把那包糖當成毒藥：「你幹什麼給我糖？難道還嫌我不夠胖？」

那時的小林初來乍到，完全不懂減肥對美國人來說是一件多麼沉重的事，呆呆楞在那裡，不知所措。

速食店的女經理聞聲而來，沉著冷靜地面對這一切，在小林耳邊輕輕地說：「如果我是你，我會馬上道歉，並且把她要的東西快點給她。」

小林照經理的吩咐做，致上最誠摯的歉意。那位客人有了台階下，數落了幾聲就放過他了。

闖下這個大禍，小林忐忑不安地等著經理出來判決他的刑責。沒想到經理只是過來對他說：「如果我是你，我會在下班後把這些東西認認真真熟悉一下，以後就不會再拿錯了。」

不知道為什麼，這一句「如果我是你」竟然使小林非常感動，好像聽到的是一位朋友的意見，而不是上司的命令，有種受到「尊重」的感覺。

後來，可能他比較幸運，無論在學校上課，在其他地方打工，不管是老師也好，老闆也好，他們明明是提出不同意見，明明是在批評哪裡不好，卻很少會直接的責問他們不會大剌剌地說：「你怎麼能這麼做？」「你以後不能再這麼做！」而一樣是用委婉的口氣說：「如果我是你，我大概會……」

這種交談方式使小林完全不感到難堪，不感到沮喪，取而代之的是一點溫暖和幾許鼓勵。

只是多了那麼幾個字，一下子就站到了對方的立場。大家站在同一陣線，每個人都設身處地的替人著想，哪裡還會有什麼不滿的情緒？更別說會造成什麼人與人之間的隔閡、代溝了！

小林時常想：「真奇怪，怎麼我碰到的老外就這麼會做人？他們真懂得說話的藝術，可以把話講到人的心坎裡。」後來，他發現他們之所以會如此說話，是因為他們打從心底這麼想。

當你眞正尊重別人，你說出來的話也會像沾了蜂蜜一樣甜，而且你所沾的是天然的蜂蜜。

還是那句老話：「人必重人而後人重之。」

如果想要得到別人的禮遇，先問問你自己付出了多少。你不比任何人矮一截，同樣的，也沒有任何人比你矮一截。

如果我是你，我會學習打從心底地去尊重別人；這話不只是要說給別人聽，更重要的，是要說給自己聽。

罵人不必帶髒字

一個人最大的不幸是，既不懂得什麼是幽默風趣，又不知道如何保持安靜。

——拉布耶呂

閃避迎面而來的攻擊

不動聲色地沉著應對，看清楚對手攻來的方向，看明白對手所持的武器，再伺機反擊。萬一不幸避之不及，最好先求保命，君子報仇三年不晚！

不可諱言的是，別人的批評一定帶有主觀的意見，難免會有偏激或謾罵的言論出現，這種情形特別容易發生在高層領導者的身上。因爲，高層領導者所做的決策，影響到的人數越多，對於每一個個體的需求與照顧也越難周全，當然，所遭遇到的批評與攻訐，也比旁人更多。

那麼，當我們不可避免要遭遇批評時，我們該如何自處呢？

有一次，德國科學家巴倫前來白宮，拜訪美國總統傑弗遜時，不經意間在總統的書房裡看到一張報紙，細讀之下，發現上面的評論，全是辱罵總統的攻擊之詞。

巴倫氣不過，抓起報紙憤憤地說：「你為什麼要讓這些謠言氾濫？為什麼不處罰這家報社？至少也該重罰編輯，把這個不尊重別人的傢伙丟進監獄。」

面對眼前氣得頭髮快要冒煙的巴倫，傑弗遜卻微笑著回答說：「把報紙裝到你的口袋裡，巴倫。如果有人對我們實現民主和尊重新聞自由有所懷疑的話，你可以拿出這張報紙，並告訴他們你是在哪裡見到的。」

想要終結毀謗，最好的方式就是不去辯解，讓謠言不攻自破。

身處越高層的人，所得到的掌聲與注目越多，相對的所受到的攻擊也會與日俱增，誰教你目標顯著？

正所謂「譽之所至，謗必隨之」，敵人一定會從你的弱點不斷地攻來，能否坦然處之，不正中敵人下懷，就得看你如何運用智慧去化解危機。

新聞媒體的負面評論，當然一定會帶來相當大的影響，但是並非全世界的人都相信該媒體的說法。所以，如果傑弗遜如同巴倫一般惱羞成怒，甚至利用自己的權勢對該媒體進行施壓、報復，不就反而讓人以爲他是心中有愧，被人刺中痛處，才有此舉動。

有些事越澄清越模糊，越解釋越讓人覺得可能還有所隱瞞，反而對自己不利，麻煩揮之不去。

不如不動聲色地沉著應對，看清楚對手攻來的方向，看明白對手所持的武器，先側身避開要害，然後再伺機反擊，以子之矛攻子之盾，才能制伏敵人。

萬一不幸避之不及，最好先求保命，反正君子報仇，三年不晚嘛！

罵人不必帶髒字

應當原諒那些當面詆毀你的人，因為，他們把難聽的話說給你聽，而不是背地裡說給別人聽。

——瑪爾里

生氣時，嘴巴吐不出象牙

為別人犯下錯誤生氣，是在拿別人的錯誤來懲罰自己，這多划不來啊！為突來的情緒生氣，你發了一場熊熊的無名火，對別人來說，又是多麼不公平！

古希臘思想家亞里斯多德曾經說：「人人都會發怒，那是輕而易舉的事。不過，發作要找合適的對象，要恰如其分，要在恰當的時間，目的與方式也要合適，這就不是那麼容易了。」

醫生說，每一次生氣，人體所付出的代價，相當於辛苦工作八個小時。

這是生氣對自己造成的損害，然而，生氣之時的惡言惡語還有可能對別人造成更大的損害。

語言可以傷人於無形，你一時不經大腦，脫口而出的話語，有可能成爲別人終身的陰影。

有一個幼稚園老師，恨透了班上一個頑皮搗蛋的男孩。有一次，這個小男孩又闖下大禍，老師懲罰小男孩站在講台上，並問全班小朋友：「你們看看，他像不像一頭大笨豬？」

天真無邪的孩子們只知道順著老師的話回答，異口同聲地說：「像！」

小男孩羞愧地低下頭來。他是受到懲罰了，然而，更糟糕的是，這個殘酷的懲罰可能將伴隨他一生。

他永遠不會忘記，曾經有那麼多人，當著他的面大聲地說他像一頭大笨豬。

一位年輕人在年邁的富人家裡擔任鐘點工人，每天，除了清潔工作，還有半個小時的「陪讀」任務。

一天，這名年輕人不小心把花瓶與筆筒的位置放反了；這原本不是什麼大事，年老的富人卻大發雷霆，指著年輕人的鼻子大罵笨蛋……

年輕人二話不說地忍耐著，因為他相當同情這名老人，除了罵人的舌頭外，他已別無利器。

在將近十分鐘的咒罵後，老人好不容易才平息下來，要求年輕人進行每天的例行公事——讀一段故事給他聽。

年輕人翻著書，找到一個相當吸引人的標題，上面寫著：「南洋所羅門島上的一些土著，每當樹木長得過大，連斧頭都砍不了時，他們就會對著樹木集體叫喊，直到樹木倒下為止。喊叫扼殺了樹木的生命，比任何刀棍、石頭都還具有殺傷力；正如那些尖酸、刻薄、粗魯的言語，往往會刺傷人的內心。」

年邁富有但性格怪僻的老人聽了這個故事，沉默許久。當年輕人把咖啡送到他面前，準備為他加糖時，老人抬起頭來，臉上出現難得慈祥的笑容，親切地說：「不用加糖了，你的故事已經為我加了糖！」

一時之氣，造成自己的火山爆發是小事，但是對那些被火山餘燼灼傷的人們，卻有可能造成難以彌補的傷害。

爲別人犯下錯誤生氣，無疑是在拿別人的錯誤來懲罰自己，想一想，這是多麼划不來啊！

爲突來的情緒生氣，你發了一場熊熊的無名火，想一想，這對別人來說，又是多麼不公平！

如果不能控制自己的脾氣，那麼至少要懂得控制自己的嘴巴。生氣時，請不要隨便開口，你在這時吐出來的話，往往都不會是象牙。

罵人不必帶髒字

自己的話應該少說，別人的話應該多聽；自己的思想越卑劣，就越會挑剔別人的錯誤。

——克雷洛夫

翻臉也可以是一種藝術

遇到話不投機的對象，你會怎麼做？站起來就走？那只會顯得自己太沒禮貌了，而且自得其樂的對方根本不知道是怎麼一回事，完全得不到教訓。

大家都知道說話要說到別人心坎裡，因此，我們精益求精地研究說話的藝術，但是，遇到那些價值觀念與你背道而馳，一開口就讓你想狠狠踢他一腳的粗俗之人，你該怎麼辦？

一名自認相當有錢的男子愛上一位氣質高雅、面貌姣好的女子，於是頻頻打電話邀她出去約會。

女子雖然三番兩次地拒絕，但男子卻越挫越勇，一點也不肯放棄，最後實在是拗不過他，女子只好勉強答應和他一起吃頓晚飯。

男子選了一個燈光美、氣氛佳的西餐廳，因為用餐時間還沒到，所以兩人各點了一杯飲料，聊聊天。

男子一開口就說個沒完，大談自己收藏古董的經驗，炫耀地說，他收藏的每一個古董，價錢都讓人咋舌。

女子默默地聽著，心裡想的卻是：「你這個無趣的老古董！」

男子談了半天，終於發現女子對這個話題好像提不起勁，便改變策略。

他伸出手讓女子看看手上的金錶，然後說：「妳知道嗎？這支錶花了我二十來萬，嚇妳一跳吧！」

女子應景地笑了笑，仍舊不發一語。

男子得到鼓勵，口沫橫飛地繼續說：「這對我來說只是個小數目，我每個月用來買衣服的錢都不只二十幾萬！妳看，我身上這套西裝是最新進口的名牌，要十多萬，這條領帶是純絲的，也要一萬多。還有這雙皮鞋，是進口的巴西牛皮手工打造的，我跑到法國特別訂做，全台灣還找不到第二雙呢，花了我將近十萬塊。」

說著，男子得意地翹起腳來，用手指彈彈鞋子上的灰。

女子聽著聽著，眉頭皺了起來，只見她從容不迫地把服務生叫過來，拿起菜單開始點菜：「麻煩你！我要吃一份價值三百元的牛排，還有價值五十塊的生菜沙拉，二十塊錢的洋蔥湯，還要一球法國進口，全台灣找不到第二球的冰淇淋。嗯！我想我吃這些就夠了。」

服務生聽了瞠目結舌，回答說：「小姐！我們的餐每一份都有固定價格，您不是在開玩笑吧！」

「哦！你們不做這種份量？但是我的胃口很小，太貴的東西我吃不起，只好請這位比較有福氣的先生在這裡吃，我到隔壁去吃囉！」

女子一邊說一邊推開椅子站了起來，看著臉上一陣紅一陣白的男子，她溫柔有禮地說：「好好享受你的晚餐吧！拜拜！」

如果你是這名女子，遇到這麼一個話不投機的對象，你會怎麼做？

站起來就走？那只會顯得自己太沒禮貌了，而且自得其樂的對方根本不知道是怎麼一回事，完全得不到教訓。

而當場把話說清楚呢？又未免太小題大作了，他不過是說些你不愛聽的話，有必要這麼義正辭嚴嗎？

說話要顧及對方的感受，翻臉也是如此，不如就照對方的邏輯回敬他吧！

罵人不必帶髒字

要是你說了一堆自己難以遵守的誓言，就必須知道如何一邊背叛誓言，一邊把自己的信譽保全。

——莎士比亞

嘴上功夫學問很大

說話，要懂得什麼時候說什麼話；說了，還要為自己說過的話負責。不巧言、不令色，有時反而突顯你的不識時務。

人與人之間的溝通，懂得如何說話、說些什麼話、怎麼把話說到對方心坎裡，這些都是很重要的地方。

嘴上功夫看似雕蟲小技，卻有可能因此扭轉你的一生。

漢高祖劉邦打敗項羽，平定天下之後，開始論功行賞。這可是攸關後代子孫的萬年基業，群臣們自然當仁不讓，彼此爭功，吵了一年多還吵不完。

漢高祖劉邦認為蕭何功勞最大，就封蕭何為侯，封地也最多；但群臣心中卻不服，私底下議論紛紛。封爵授祿的事情好不容易塵埃落定，眾臣對席位的高低先後又群起爭議，許多人都說：「平陽侯曹參身受七十次傷，而且率兵攻城掠地，屢戰屢勝，功勞最多，應當排他第一。」

劉邦在封賞時已經偏袒蕭何，委屈了一些功臣，所以在席位上難以再堅持己見，但在他心中，還是想將蕭何排在首位。

這時候，關內侯鄂君已揣測出劉邦的心意，於是就順水推舟，自告奮勇的上前說道：「大家的評議都錯了！曹參雖然有戰功，但都只是一時之功。皇上與楚霸王對抗五年，時常丟掉部隊，四處逃避，蕭何卻常常從關中派員填補戰線上的漏洞。楚、漢在滎陽對抗好幾年，軍中缺糧，也都是蕭何輾轉運送糧食到關中，糧餉才不至於匱乏。再說，皇上有好幾次避走山東，都是靠蕭何保全關中，才能順利接濟皇上的，這些才是萬世之功。如今即使少了一百個曹參，對漢朝有什麼影響？我們漢朝也不必靠他來保全啊！你們又憑什麼認為一時之功高過萬世之功呢？所以，我主張蕭何第一，曹參居次。」

這番話正中劉邦的下懷，劉邦聽了，自然高興無比，連連稱好，於是下令蕭何排在首位，可以帶劍上殿，上朝時也不必急行。

而鄂君因此也被加封為「安平侯」，得到的封地多了將近一倍。他憑著自己察言觀色的本領，能言善道，舌燦蓮花，享盡了一生榮華富貴。

孔子說：「巧言令色，鮮矣仁。」但是，在這個時代，不巧言、不令色，並不能彰顯你的仁德，有時反而突顯你的不識時務。

說話，要懂得什麼時候說什麼話；說了，還要爲自己說過的話負責。一個人如果不是眞才實料，如果沒有眞知灼見，從他嘴裡吐出來的話也許吸引得了人一時，卻不能蒙蔽他人一世。巧言令色的前提，是胸中有大志。

罵人不必帶髒字

提防不狂吠的狗，小心不冒煙的湯；不喜歡當面誇獎別人的人，不代表他不喜歡在背後挖苦別人。

——柯尼克斯

PART 6

教訓投機取巧的小人

投機取巧的人一般嘴甜、心細、臉皮厚，即使是做錯了事，也往往會把責任轉嫁和推卸到其他人身上去。

如何用幽默來「笑」自己

在公共場合，萬一不留心說錯了一句話或做錯了一件事，難免出現令人尷尬的場面，不過，你大可不必掩飾自己的過失，不妨放鬆心情調侃自己一番。

艾森豪總統在第二次世界大戰期間，擔任歐洲戰場盟軍總司令。

有一次，他前往亞琛附近視察部隊，在雨中對士兵們講了一番激勵士氣的話語，獲得在場官兵熱烈鼓掌。

然而，當他以威嚴的姿態從講台上走下來時，卻一不小心摔倒在泥漿裡，士兵們不禁哄然大笑。

艾森豪狼狽地從泥漿裡爬起來後，對於士兵們的訕笑並沒有惱羞成怒，反而幽默地調侃說：「剛才，泥漿告訴我，我這次視察相當成功，因為，我為美國士兵帶來了

不錯的娛樂效果。」

就這樣，艾森豪靠著幽默風趣化解了自己的尷尬。

幽默風趣是睿智的表現，是一個人的思想、學識、智慧、靈感在語言中的反映。

有一位小姐想在自己的生日舞會上給親朋好友留下一個難忘的印象，但由於心情激奮，加上新買的長裙有點過長，跳舞的時候鞋後跟絆住了裙子，自己跌跌撞撞地摔了一跤，陪她跳舞的男士也被連帶著摔倒在地。

當她面紅耳赤、羞赧難當之時，只見那位男士輕鬆地說：「沒關係，我不曉得原來妳會玩多米諾骨牌！」

那位男士這番輕鬆的話語，既緩和了尷尬的場面，也使在場的人對他留下了幽默風趣的好印象。

幽默的具體運用並非易事，幽默構成的方式很多，主要有：自我嘲諷、張冠李戴、旁敲側擊、順水推舟、諧音雙關、借題發揮……等，必須用得巧，才能收到奇妙的效果。

在公共場合或大庭廣眾之下，萬一不留心說錯了一句話或做錯了一件事，難免出現令人尷尬的場面。

這時，闖了禍的你肯定會有些侷促、緊張、惶恐。不過，你大可不必掩飾自己的過失，更用不著轉移目標，不妨放鬆心情調侃自己一番，或是說一個有關過失的小笑話就行了。

千萬要記住：一句幽默的話語，有時會發揮莫大的作用。

罵人不必帶髒字

誹謗，就是滿懷惡意地將自己想做，卻一直沒有機會去做的種種惡行，加諸他人身上。

——塔西倫

說話含糊會使你作繭自縛

我們與人交談時應該注意，答話時千萬別含糊，否則容易產生誤會，萬一你無法自圓其說，必定陷入窘境，任何說話技巧都無濟於事。

「罵人不帶髒字」的說話方式，是聰明人的回馬槍，往往能一槍刺中要害，讓對方認清自己的謬誤。

文藝復興時期的藝術大師米開朗基羅，在為教皇朱理二世繪製宮廷的天頂畫時，朱理二世曾要求他必須將聖徒和先知們身上的衣服畫得高貴華麗一些。

米開朗基羅對這項要求十分不以為然，但是又不便當面得罪教皇，於是，半開玩笑地說：「您知道的，他們原本就是窮人嘛，何必硬要他們裝闊？」

後來，當他開始製作壁畫時，教皇又派人傳話，要他修改壁畫上的人物。

米開朗基羅這次再也按捺不住，以平靜的語氣對傳話的人說：「你回去轉告教皇，修改壁畫是一件小事，用不著他那麼操心，還是請他老人家把心思用在如何把這個世界修改得好一點吧！」

米開朗基羅說話的功夫堪稱一流，犀利的諷刺話語使得教皇朱理二世領教之後，從此再也不敢囉唆。

如果你自認沒有米開朗基羅的犀利口才，那麼，與人交談時應該注意，答話時千萬別含糊不清，否則很容易產生誤會，萬一你無法自圓其說，必定陷入窘境，任何說話技巧都無濟於事。

所以，說話要把握主旨和邏輯，要說得恰到好處，以免言談有所閃失，授人把柄，甚至作繭自縛。

這是避免錯誤，擺脫窘境的根本方法。

假如朋友或同事在公開場合責備你，而情況與事實又有出入，這肯定使你難堪。這時，你該怎麼辦呢？

你應該心平氣和地直言：「我們是否私下談談？我想請你調查清楚了再說話。不然，我以後很難和你相處。」

倘若親友無緣無故責備你，你也應該明確地跟他說：「你讓我十分難堪，請你告訴我這是爲什麼？我哪裡得罪你了？」

當然，假使是你自己做錯了事，哪怕是無意的，也要誠懇道歉。這就是明辨事理，直言不諱，這才是擺脫窘境的方法。

罵人不必帶髒字

狡猾並非人的一種真正聰明，而只是一種搗蛋取巧的小技術。

——培根

嚴格禁止不如迂迴暗示

說明得越含糊，越能在聽者心裡勾勒出諸多的想像，所達到的效果也就越好，比起惡行惡狀地厲聲指責、禁止，更能達到目的。

每個人都會設立某些規矩，在自己的範圍內也總是希望別人多少依著自己的規矩行事。

然而，人偏偏是最不守規矩的生物，一旦有人破了例，什麼規矩也管不了。所以有人打趣地說，規矩就是設來破壞的。

想要別人依著自己的規矩做事，首先，要讓規矩看起來不像規矩，就像接下來的這個例子一般。

法國著名女高音歌唱家瑪．迪梅普萊有一座美麗的私人林園。儘管，她已經標示這是私人林地，不希望未受邀請的人任意進入，但是每到周末，總會有人偷溜進她的林園摘花、拾蘑菇，有的甚至搭起帳篷，在草地上野營野餐，弄得林園一片狼藉，骯髒不堪。

迪梅普家的管家曾命人在林園四周圍上籬笆，並豎起「私人林園禁止入內」的木牌，但仍無濟於事，林園依然不斷遭踐踏、破壞。

於是，管家只得硬著頭皮向主人請示。

迪梅普萊聽了管家的報告後，請管家做一些大牌子立在林園的各個路口，上面醒目地寫明：「如果在林中被毒蛇咬傷，最近的醫院距此十五公里，開車約半小時即可到達。」

從此，再也沒有人闖入她的林園。

不管做什麼事，都必須用對方法，才能讓效果達到最大。

如果你用正規的方法達不到預期的效果，那麼就必須另闢蹊徑，設法從對方的心理下手。

有些人天生反骨，就喜歡和人唱反調，別人說東，他們偏要說西；別人說不准進入，他們偏要進去瞧瞧到底裡頭有些什麼不想讓人看的東西。

要對付這種人，硬碰硬絕對沒什麼好處，倒不如用迂迴的方法，反其道而行，讓他們知難而退，省事又不費力。

就像瑪．迪梅普的例子，她說一百句「請勿進入」、「禁止入內」也沒什麼用，那些人只要想得到就能溜得進來，倒不如警告他們裡面有毒蛇，而能急救的醫院遠在天邊，不怕死的就來吧！

這種方法果然達到了極佳的效果，害怕毒蛇的人全不敢來了，即使他們不見得會碰上毒蛇。

說明得越含糊，越能在聽者心裡勾勒出諸多的想像，所達到的效果也就越好，比起惡行惡狀地厲聲指責、禁止，更能達到目的。

政府推動法令也是相同的道理。貿然頒行一道禁令，勢必會引起相關利益團體的反對，使得法令推行受到層層阻礙，然而如果能在宣導的同時，分析施行法令對該團體的好處，以及不施行時對全民有何壞處，說不定在輿論的推動之下，就能順利施行。

所以說，與其強硬的規定，還不如柔軟的說服。

罵人不必帶髒字

你永遠也得不到最有力的批評，除非你逼迫別人非如此不可，不過你得忍受隨之而來的難堪。

——梭羅

找出你專屬的「洩氣」管道

有誰會喜歡一個天天癟嘴、眉頭緊皺的人呢?器量不大的人也能成為可愛的人，只要你找出了自己專屬的「洩氣」管道。

每個人都有過生氣的經驗，因爲生氣太容易了，只要心中有了委屈、憤恨，不愉快的情緒很快就會衝上大腦，忍不住想動氣。可是，有氣可不一定就能隨處亂發，還得看時間、地點、場合，否則，自己的氣消了，卻引起別人的怨懟，非但氣氛弄僵了，還可能惹出一堆烏煙瘴氣的是是非非。

但話又說回來，若一個勁地把怒氣往肚裡吞，表面上還得裝出一副若無其事的模樣，那可就需要極高的修養，不然，一不小心沒控制好，就可能會被彼此積壓已久的怒氣炸得屍骨無存。

美國南北戰爭時代，曾經有過這麼一則小故事。

某一天，陸軍部長斯坦頓來到總統林肯的辦公室，一進門，就氣呼呼地說，有一個目無尊長的少將，竟用侮辱性的話語指責他偏袒、自私。這樣子虛烏有的指控，讓斯坦頓氣得吹鬍子瞪眼睛、臉紅脖子粗，恨不得把那名造謠生事的傢伙抓過來痛打一番。

林肯安靜地聽完斯坦頓的抱怨，同仇敵愾地建議斯坦頓立刻寫一封信，好好地回敬那傢伙，給他點顏色瞧瞧。

「狠狠地罵他一頓！」林肯說。

斯坦頓二話不說，立刻提筆寫了一封內容尖酸刻薄、措辭激烈的信，然後拿給林肯看。

「對了，對了。就是這樣！」林肯一邊讀著信，一邊高聲叫好：「沒錯就是這樣！好好教訓他一頓，你可真是寫絕了，斯坦頓。」

但是，當斯坦頓把信摺好，準備裝進信封裡時，林肯卻突然厲聲叫住他，問道：

「斯坦頓，你要做什麼？」

「信寫好了，當然是寄出去啊。」斯坦頓被總統的神情、態度搞得有些摸不著頭緒了。

「快別胡鬧了。」林肯大聲說：「這封信不能寄，快把它扔進爐子裡去，凡是生氣時寫的信，我都是這麼處理的。這封信寫完之後，你一定已經發洩了怒氣，現在感覺好多了吧！那麼就請你趕緊把它燒掉，再寫第二封信吧。」

沒錯，生氣的時候，因爲心裡的怒氣控制了自己的心神，特別容易做出衝動且日後會後悔莫及的蠢事，也容易落入別人的激將陷阱。

若是沒有適當的發洩管道，那麼心裡的氣，就像是氣球裡的空氣，因爲無處可漏，於是撐大了氣球，而且越撐越大，最後超出氣球所能負荷的限度，只好「碰」的一聲，徹底地爆發開來。

林肯的方法是，把心裡的怒氣全部寫了下來，任何不滿、不愉快，全部透過筆尖一一發洩出來，然後一把火燒得灰飛煙滅。因爲，當你能將自己生氣的原因，以及對對方的種種不滿全部轉換成文字，無形中也讓你有了喘息、冷靜的空間，也才能重新以不同的角度去思考問題的癥結所在。

氣頭過了，才能靜下心來想想對方爲什麼會有這樣的舉止，進而想出適當的解決方法，才能保持人際關係的和諧。所以，尋找適合自己的專屬洩氣管道，讓自己能盡快地冷靜下來，是極爲重要的事，特別是器量狹小的人。

因爲，器量不大的人，很容易被小事撩撥，動不動就易發怒，「怒」形於色，自然容易得罪人，人緣自然差。

試想，又有誰會喜歡一個天天癟嘴、眉頭緊皺的人呢？器量不大的人也能成爲可愛的人，只要你找出了自己專屬的「洩氣」管道。

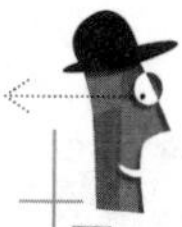

罵人不必帶髒字

當我們聽到別人對我們某些長處的讚揚後，再去聽一些不很痛苦的批評，總是會覺得好受得多。

——皮德斯

教訓投機取巧的小人

投機取巧的人一般嘴甜、心細、臉皮厚，即使是做錯了事，也往往會把責任轉嫁和推卸到其他人身上去。

默片時代的星卓別林以諷刺喜劇名震影壇，在日常生活中也經常運用機智幽默對付心懷不軌的歹徒。

有一天，卓別林到電影院看電影，鄰座恰好坐著一個扒手。扒手把手伸進卓別林的口袋偷錢，被機警的卓別林發現，扒手連忙說：「對不起，我想掏手帕，卻掏錯口袋了。」

卓別林禮貌性地對他微微一笑，表示沒關係，誰知過了一會，他竟然一巴掌打在扒手的臉上。

扒手怒氣沖沖地瞪著卓別林，只見卓別林裝出一副抱歉的模樣，對扒手說：「對不起，我想打死停在我臉上的蚊子，沒想到卻打錯了臉。」

每個人身邊都有一些投機巧取的小人，對付這種人不妨學學卓別林，採取「以牙還牙」的方式。

在職場上，投機型的人善於察言觀色，臉皮很厚，把自己做爲商品，謀求在「人才市場」上討個好價錢。

這種人即使在工作上也愛討價還價，往往對目前僱用他們的公司施加壓力，鑽營晉升或增加工資的機會。

或者他們在工作上不安分，但卻熱衷於和領導套交情，他們不想憑工作成績得到重用和提拔，而是想通過和領導拉私人關係去得到好處。

投機取巧的人一般嘴甜、心細、臉皮厚，即使是做錯了事，也往往會把責任轉嫁和推卸到其他人身上去，而一旦有了功勞，他又會極力地吹噓自己的貢獻和成績，生怕上司不知道。

還有，上司在場和不在場，他們表現就完全不一樣，上司在的時候，他肯定是最勤勞的一個，連臉上的汗水也不會擦，千方百計想給上司一個好印象；領導一旦離開，他就賴在一旁休息了。

領導者光憑自己的眼睛是很難發現的，因爲這些人很會僞裝自己，只有多聽取其他下屬的反映，才能揭開這種人的眞實面目。

這種人是不能重用的，他在哪個部門任職，哪個部門就會被他搞得亂糟糟。

因此，領導者一旦發現你部下的某一位是一個投機取巧的人，你要毫不客氣地要把他撤換掉。哪怕他只是一個普通的員工，你都要提防，免得受他的騙。

罵人不必帶髒字

千萬不要相信豺狼，只要你給牠一根指頭，牠就會馬上吞掉你整隻胳臂。

——墨西哥諺語

你能原諒你的仇人嗎？

原諒仇人可以使你在日常生活中掌控自己，情緒不致隨著對方的一舉一動而起伏，既可降低對方對你的敵意，人也能緩和你對對方的敵意，何樂而不為？

法國哲學家伏爾泰曾經因為譏諷攝政王奧爾良公爵，被關進巴士底監獄，時間長達十一個月之久。

在獄中吃盡苦頭的伏爾泰出獄後，深知攝政王冒犯不得，否則以後還會遭殃，於是專程前去感謝他寬宏大量，不計前嫌。

由攝政王深知伏爾泰擁有廣泛的社會影響力，也急於籠絡他，因此，兩人見面之後，彼此說了許多感激、抱歉之類的客套話。

最後，伏爾泰再一次向奧爾良公爵表達謝意，幽默地說：「陛下，您真是樂於助人，解決了我長達十一個月的食宿問題。不過，從今以後，您就不必再為了這些瑣事替我操心了。」

奧爾良公爵聽了之後哈哈大笑，從此再也沒找過伏爾泰的麻煩。

當你和朋友之間有了芥蒂，由朋友翻臉成了冤家時，這種關係該如何處理？是隨時準備火力進攻，還是退一步海闊天空呢？

正確的方式是保持風度，原諒你的仇人。

人與動物的不同之處在於，動物的一切行動都依照本性而發，完全屬於自然反應，但是，人的行動會通過大腦的思考，並依照當時的心理需要，然後才做出各種不同的選擇。

原諒仇人是很困難的一件事。

絕大部分人碰到仇人就會分外眼紅，恨不得置他於死地。即使不到那種強烈憎惡的程度，或環境條件不允許將對方徹底消滅，也肯定會採取「老死不相往來」的冷淡態度。

因此，能夠原諒仇人的人，胸襟和氣度無異達到了至高的境界。

原諒仇人的好處在於，可以使你在日常生活中掌控自己，情緒不致隨著對方的一舉一動而起伏。

其實，以幽默的態度原諒你的仇人，既可降低對方對你的敵意，也能緩和你對對方的敵意，何樂而不爲？

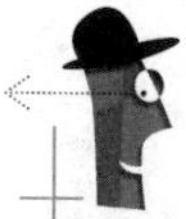

罵人不必帶髒字

在我們想要告訴孩子們「誠實為上策」之前，我們必須先使這個世界誠實。

——蕭伯納

不利於己的話其實對你有利

為了讓對方相信自己，而一再強調自己的優點，這樣反而缺乏說服力。還不如利用人類潛在心理的「彆扭心態」，來取得對方的信任。

美國在費城舉行憲法會議的時候，會議中分為贊成派和反對派，討論相當白熱化。出席者的言論都非常尖銳，甚至演變成人身攻擊。

由於出席者有著人種、宗教方面的差異，利害關係相同的人自然結合在一起，議會充滿了火藥味和互不信任的氣氛。

眼看會議即將決裂時，持贊成意見的富蘭克林適時出面收拾了紊亂的場面，終於促使了憲法成立。

面對反對派猛烈地攻擊，富蘭克林不慌不忙地對他們說：「老實說，對這個憲法我也並非完全贊成。」

這句話一出，議會紛亂的情形霎時停止了，反對派人士不禁感到懷疑，富蘭克林既然是贊成派，為什麼不完全贊成自己所提的憲法呢？

富蘭克林頓了一會，才繼續說：「我對於自己贊成的這個憲法並沒有信心，出席本會議的各位，也許對於細則還有些異議，但不瞞各位，我此時也和你們一樣，對這個憲法是否正確抱持懷疑態度，我就是在這種心境下來簽署憲法的。」

佛蘭克林的這番話，使得反對派的激動和不信任態度終於平靜下來，美國的憲法終於順利通過。

一般人要化解對方的不信任感，往往會以強硬的口氣說「請你相信我的話」，或者說「根本沒有那回事」，結果反而使對方的不信任感更加強烈。

因爲這樣說，就像是要將對方的不信任全面否定，只保留自己單方面的主張，實際情況是一種正面的攻擊，這樣做是不會產生任何效果的。

對於一件事情，如果光是強調好的一面，那麼對方對於你所說的話，就會存有不信任的潛在心理。

如果爲了讓對方相信自己，消除他的不信任感，而一再強調自己的優點，這樣反而缺乏說服力。還不如利用人類潛在心理的「彆扭心態」，來取得對方的信任。

例如，你可以先給對方一些不利於自己的消息，使對方覺得你「還蠻老實的」，這樣一來，他就會產生想聽你繼續說話的意願，你便可以附帶地爲自己說些好話，在不知不覺中，對方就會順利地接受你的誘導。

富蘭克林就是利用了這個技巧，先說一些對自己不利的話，使對方反而產生了信任感。

罵人不必帶髒字

喜歡嫉妒別人的小人，專在背後誹謗別人的優點，但是來到那人的面前，卻總是啞口無言。

——薩迪

不要當個愛揭瘡疤的小人

揭人瘡疤是最沒必要的。每個人都有傷痕，更何況，工作是工作，又何必牽扯到個人的生活和隱私上去呢？

揭人隱私是最傷人自尊心的一種形式。

每個人都有不爲人知的秘密或隱私，在他過去的工作或生活歷程中，他也許曾犯下錯誤，甚至做過不光彩的事情。如果你知道內情，在你的下屬犯錯誤或和你有不同意見而出言頂撞的時候，你將會怎麼辦呢？

是揭人隱私，還只是就事論事？

一位聰明的領導者，是不會把別人過去的不堪情事一股腦地抖出來的，如果你這樣做，那就太沒水準、太沒涵養了。

有些領導雖然不會把別人的隱私抖出，卻常常把它當作籌碼來壓制下屬。譬如，在盛怒的時候會說：「你少跟我鬥，你過去的黑資料還在我手中呢！」可憐的下屬會因爲的確有污點掌握在別人手中，只好忍氣吞聲，但他心裡卻是非常氣憤，這種心情積累到一定程度，就會出現互相攻擊對方隱私的情況。

彼此都把對方的隱私抖出來，弄得兩敗俱傷，除了引來一大堆人圍觀，對誰也沒有好處。因此，你要清楚，揭人瘡疤是最沒必要的。每個人都有傷痕，更何況，工作是工作，又何必牽扯到個人的生活和隱私上去呢？

也許有人會說：「我並不是喜歡揭他的瘡疤，但他的態度實在太惡劣，我才忍不住的。」

這話乍聽之下似乎有道理，但實際上只說明自己胸襟太窄。

你在態度惡劣的下屬面前，可以採取兩種方式：一是不理他，要不然就狠狠地教訓他一頓。

如果的確有必要借助揭過去的污點教訓他的話，最好採用暗示的方法說：「過去的事情我在此就不多說了，你自己心裡明白。」

這種點到爲止的方法，通常會讓態度惡劣的下屬起警惕作用。

有一項調查指出，凡是喜歡翻舊帳的領導者，也喜歡把今天的事情往後拖延。這種拖拖拉拉的人，指責下屬也不乾脆，甚至當時根本就不表露他的批評態度，而在心裡說：「到時候，看我不整死你！」

爲什麼舊事重提會引起下屬們的厭惡和反感呢？

這是因爲無論是什麼人，都不願意別人揭自己的舊傷疤，所以當別人舊事重提時，憤怒就油然而生了：「好啊，你原來是一個愛揭人瘡疤的小人。」

這樣一來，不但他從此不再信任你，而且處處提防，形同仇敵。

當你對下屬說：「你不要以爲過去的事情沒有批評你，你就得意忘形了」或者諸如「過去的事還沒跟你算清，新的事又來了」的話，下屬肯定會心中發毛，認爲原來你是這樣的一個人，對於過去的事還念念不忘、抓住不放，看樣子，在這種人下面工作，是沒有什麼出頭之日了。

罵人不必帶髒字

忠告就像雪花，飄落得越輕，就越能持久，也越能深深地潛入人心。

——泰勒．柯立芝

PART 7

有技巧的批評才能發揮效用

批評的目的應是讓對方了解錯誤並進行改正。因此，成功的批評應該在不損對方自尊心的情況下，使對方心甘情願地接受你的建議。

如何用妙語讓自己脫離窘境

適時的幽默話語可以出奇制勝，只要運用得當，往往能收到直言不諱難以達到的效果。

古羅馬思想家賀拉斯說：「懷著輕蔑對方的心理，就會使你的話語充滿怒氣，不僅會傷害別人，也會傷害自己。」

確實，說話不分輕重，動不動就用充滿蔑視或憤怒的方式罵人，勢必會為自己招來禍端，也無法和別人好好地溝通。

想教訓一下那些自以爲是又蠻橫霸道的人，並不需要用強硬的手段與對方硬碰硬，不妨從容幽對方一默，會更有效地突顯對方的無理。

蕭伯納是英國著名幽默作家，年輕時遇事十分膽怯，後來以不怕出醜學溜冰的精神練習演講和辯論，終於成為聞名於世的演說家。

有一次，他寫的新劇本《武器與人》首次演出獲得成功。劇終落幕時，許多觀眾要蕭伯納上台，接受大家的祝賀。

可是，當他走上舞台時，突然有個人衝到台上對他大叫：「蕭伯納，你的劇本太糟了！誰要看這個爛戲，趕快收回去，停演吧！」

面對這個突如其來的狀況，觀眾大吃一驚，以為蕭伯納準會氣得渾身發抖，憤怒地回敬這個無禮的挑釁者。

誰知，蕭伯納非但沒生氣，反而彬彬有禮地向那個人深深地鞠了一躬，笑容滿面地說：「我的朋友，你說得很對，我完全贊同你的意見，但遺憾的是，我們兩個反對這麼多觀眾有什麼用呢？我們倆能禁止這個劇本的演出嗎？」

這番話使得全場的哄堂大笑，緊接著觀眾報以如雷的熱烈掌聲。在掌聲中，那個挑釁者只好悻悻然地溜走了……

倘若蕭伯納直言對抗，儘管他舌燦蓮花的口才也能取勝，但絕不可能獲得如此有力的奇妙效果。

適時的幽默話語可以出奇制勝，只要運用得當，往往能收到直言不諱難以達到的效果。

罵人不必帶髒字

供給人們的甜食已經過多了，他們的胃因此得了病；這就需要苦口的良藥和逆耳的忠言。

——萊蒙托夫

遇人挑釁，以其人之道還治其身

面對惡意挑釁的人，也不用小心眼、小肚腸地和他們一般見識，只要把他們的問題再丟回他們身上去，以其人之道還治其身。

生活上難免會碰到一些不識趣的人，不是存心找碴，就是不長大腦，連對方已經被惹毛了還不知道。

遇到有人找碴、找麻煩，雖然心煩，但是如果沉不住氣和對方嗆上了，爭得臉紅脖子粗、吵得不可開交，其實並不能得到什麼好處，只是徒增自己更多的不愉快罷了。

所以，碰到像這樣的人，最好的方法，就是以其人之道還治其身。把問題和粗魯的言行丟還給對方，讓對方自己去感受，讓對方自己去想辦法。

不懂得以禮待人的人，也必然得不到別人的尊重。生活上的一言一行都應該要注意，要想得到別人的重視和喜愛，就得先審視自己是如何對待別人。

出身貧寒的世界知名大作家安徒生，即使後來成名了，還是維持儉樸的生活習慣，不喜歡奢侈浪費。

有一天，他戴著破舊的帽子走在街上，一個路人見了竟然大聲嘲笑：「笑死人了，瞧瞧你頭上頂著個什麼東西？那也能算是帽子嗎？」

只見安徒生不慌不忙地應了一句：「就不知你帽子底下的又是個什麼東西？那能算是顆腦袋嗎？」

無獨有偶的，俄羅斯知名的兒童文學作家葛達爾，也遇到了同樣的遭遇。

有一天，葛達爾提了行李箱準備出門旅行，一個鄰居很好奇，忍不住上前問他：「像你這樣大名鼎鼎的作家，為什麼會提這種看起來邋邋遢遢、破破爛爛的行李箱出門呢？」

葛達爾倒是沒有動怒，簡單地回答說：「這有什麼好奇怪？如果我的皮箱大名鼎鼎，而我卻邋邋遢遢，那才糟糕呢！」說完，微微舉了舉帽沿算是致意，就不再理會鄰居，提著皮箱離開了。

外表和裝扮雖然能夠爲自己的形象加分，但是只注重表象卻不重視內涵，更會讓自己變成金玉其外的草包。

有些人只看外表，看不起衣著簡樸的人，嫌人窮酸，卻沒發現自己的刻薄臉容反被人看不起。

事實上，外表的裝扮不過是包裹住我們身體的外殼和面具，並不屬於肉體的任何一個部分，當然更和心靈內在沒有什麼關係。

所以，一個在心靈上、頭腦裡眞正富有的人，不會爲了自己的外表而感到困擾，也不會任意以外在條件去評斷他人。

只有誠懇的態度和能夠站在對方立場設想的寬大胸懷，才能夠敲開彼此之間溝通的大門，讓雙方接受，得到認同。

面對惡意挑釁的人，也不用小心眼、小肚腸地和他們一般見識，只要把他們的問題再丟回他們身上去，以其人之道還治其身，讓對方醜態自露，更能夠突顯自己的泱泱大度。

罵人不必帶髒字

愛說謊的，往往是不知道欺騙方法的人；喜歡阿諛奉承的，一般是只會欺騙蠢人的人。

——沃夫拿格

先摸清對方的喜好，才能對症下藥

想要說服一個人，必須先了解對方的個性或喜好，再以此想出對策，才能達到事半功倍的效果。

日本有句諺語說：「道逢劍客則談劍。」

意思是說，不管是要和別人進行感情交流，或是想說服對方，都必須先摸清對方的習性和偏好，如此才能對症下藥。

一九一四年，國學大師章太炎被袁世凱軟禁在北京的龍泉寺中，氣憤的章太炎便以絕食做為反抗。

章太炎絕食的消息很快地便傳了出來，他的幾個入門弟子，像是錢玄周、馬夷初、吳承仕……等人，都連忙趕去探望他。

這些弟子們從早上勸到晚上，請他一定要進食，但是，章太炎躺在床上，閉緊了嘴，說什麼都不肯吃。

這時，吳承仕靈機一動，想起了三國時代劉表殺禰衡的故事，便問章太炎說：「先生比起禰衡如何？」

章太炎瞪大眼說：「禰衡怎麼能跟我比？」

吳承仕連忙回答道：「劉表當年想要殺禰衡，但自己不願蒙上殺士之名，就指使黃祖下手。現在，袁世凱比劉表高明多了，他不用勞駕黃祖這樣的角色，就可以讓先生自己殺自己！」

「什麼話！」章太炎一聽，立刻坐了起來。

這群子弟一看這個情況，知道說了中老師的心懷，便趁機拿出了先生愛吃的東西，只見章太炎什麼都沒說，一口氣就把所有東西都吃光了。

故事中性情剛直的章太炎，想以絕食行動對袁世凱表達抗議，經學生舉出歷史典故，並巧妙地點出絕食之舉，是幫袁世凱「殺自己」的行動，這才令他放棄絕食的行爲。

一般人總會以懇求、責罵或是強迫的方式，試圖令對方就範，但這樣做往往只是徒勞無功，甚至會造成反效果。

其實，想要說服一個人，必須先了解對方的個性或喜好，再以此想出對策，才能達到事半功倍的效果。

罵人不必帶髒字

人也可以這樣來分類：有的人先思考，然後說話或行動；有的人則先說話或行動，然後再思考。

——托爾斯泰

你會承認自己是一個「醜男人」嗎？

當一個人產生反感時，潛在心理就是希望自己的優越感能夠得到認可，如果他發現自己比對方還要差時，就會對對方更加反感。

不管做什麼事，一定要講究策略和技巧。

如果你不願花點心思想想如何影響對方、扭轉對方，言行老是直來直往，非但無法順利達成目的，有時還會陷入各種無法預知的陷阱和困境之中，使自己的人生充滿危機。

林肯還沒當總統之前，有一次，一個暴徒怒氣沖沖地拿著手槍對他說：「我曾發過誓，如果有一天遇到一個比我還醜的男人，我一定當場把他打死。」

沒想到，林肯不慌不忙地向那個暴徒承認，自己確實是一個醜男人，並且對他說：「你如果想打，就打吧！」

結果，這個暴徒的氣消了，自動離開。

林肯眞不愧是一個聰明人，對暴徒說話時態度溫和謙卑，因而化解了自己的危機。如果他遭遇危險之時，仍然對暴徒採取高高在上的姿態，必定會引起暴徒更大的反感。

林肯面對暴徒的威脅羞辱，懂得平心靜氣仔細去聽對方的話，並且消除對方複雜不平衡的情緒，正是由於他承認自己是一個醜男人，使得暴徒對他反感的理由瞬間都消失了。

當一個人對別人產生反感時，潛在心理就是希望自己的優越感能夠得到認可，如果他發現自己比對方還要差時，就會心生怨憤，對對方更加反感。

所以，一個人如果心理狀態不夠健全，就會因爲自己的自卑感，而對別人的優越產生反感。人一旦有了這種不健全的心理後，便會醞釀出一種攻擊性的防禦策略。

林肯的做法就是放棄自己的優越性，讓自己處於「委屈」的卑下地位，先接受對方的反感，然後再誘導對方產生優越感，這的確是一種能使對方消除怒氣的有效方法。

罵人不必帶髒字

有些人的心靈受不了次人一等的感覺。他們的感激是一種報復，不是為了報恩使他快樂，而是因為欠情使他痛苦。

——莎士比亞

有技巧的批評才能發揮效用

批評的目的應是讓對方了解錯誤並進行改正。因此，成功的批評應該在不損對方自尊心的情況下，使對方心甘情願地接受你的建議。

想要指正別人的錯誤，不一定要用責備的方式，開口批評之前，一定要先動點腦筋，如此一來，才能既指出對方的錯謬，又不致讓對方惱羞成怒。

批評是一門藝術，一旦把握得不好，藝術便會變成惹人厭的廢物，所以批評他人時得掌握好技巧。

充滿幽默的批評方式就是一種成功的批評法，可以使人在輕鬆的氣氛中發現並改正自己的錯誤，這樣的批評才能發揮最大的效果。

一個成功的領導者批評屬下時，通常都能讓對方心悅誠服地接受，並且以後也很少會再犯類似的錯誤。

莫莉是卡內基的秘書，是一位漂亮又乖巧的女孩。在她眼中，卡內基是全世界最好的上司，她說自己從來不曾聽到卡內基用刻薄的語言批評下屬。

某一次，離下班還有一刻鐘的時候，莫莉就急著想回家了，但她尚未整理完卡內基第二天的演講稿，於是匆匆地處理了那些講稿後就離去了。

第二天下午，卡內基演講結束後回到辦公室時，莫莉正坐在辦公室裡看著《紐約時報》，卡內基則面帶微笑地看著她。

莫莉問：「卡內基先生，您今天的演講一定很成功吧！」

「非常成功，而且掌聲如雷！」

「恭喜您！卡內基先生。」莫莉由衷地祝賀著。

卡內基接著面帶微笑地說：「莫莉，妳知道嗎？我今天本來是要去演講怎樣擺脫憂鬱的問題，可是當我打開講演稿讀出來的時候，全場都哄堂大笑了。」

「那一定是您講得太精采了！」

「是這樣的，我讀的是怎樣讓乳牛多產奶的一條新聞。」說著，他仍舊帶著微笑地拿出那張報紙遞到莫莉面前。

莫莉的臉頓時紅了一大半，羞愧地道歉：「是我昨天太大意了，都是我不好，讓您丟臉了吧？」

「當然沒有，這反倒給了我更多的發揮空間呢，我還得感謝妳！」卡內基依舊露出笑容輕鬆地說。

從那次以後，類似這樣的毛病就不曾再出現在莫莉身上，而莫莉也更加覺得卡內基是個和藹又寬容的好上司。

一個優秀的人應儘量避免批評他人的過失，要是萬不得已非得批評他人的時候，可以採用幽默的方式。

例如，你可以先說個笑話拉近彼此的距離，然後再進行批評，讓被批評者在輕鬆愉快的氣氛中接受批評。

如此，既能讓對方了解自己的錯誤，也不會傷了對方的心，可說是相當高明的批評方式。

批評的目的是爲了讓對方了解錯誤並進行改正，而不是對他人做人身攻擊。因此，成功的批評應該是在不損對方自尊心的情況下，使對方心甘情願且樂意地接受你的建議，才能眞正發揮批評的作用。

罵人不必髒字

每次誹謗總會有三個犧牲者，一個是誹謗者，另一個是被誹謗者，第三個是信以為真者。

——吉特曼

裝腔作勢不如裝聾作啞

人面臨窘境，裝腔作勢反而會暴露缺點，還不如裝聾作啞。在某些場合，對於某些難以回答而又不好迴避的問題，你可以含糊其辭，模稜兩可。

英國作家湯瑪斯．富勒在《至理名言》中曾經寫道：「在必要的時候不能裝作傻瓜的人，不是真正聰明的人。」

在某種勾心鬥角的場合，如果處境對自己不利卻又無計可施，什麼也不能表示，那就索性裝聾作啞，避免落入對方設計的圈套。

一九四五年七月，美、英、蘇三大國首腦在波茨坦進行會談。

有一次休息之時，美國總統杜魯門故意對史達林透露，美國已經研製出一種威力極大的炸彈，暗示美國已有原子彈。

這時，邱吉爾也兩眼直盯著史達林，想觀察他的反應。

然而，史達林卻故意裝作好像什麼也沒聽見似的，並未如預料中顯露出絲毫訝異或緊張的表情。

其實，史達林聽得很清楚，當然也聽出了杜魯門的弦外之音，內心焦灼不安。因為，會後他立即告訴外交部長莫洛托夫說：「加快我們的研製進度。」

一個人面臨類似的窘境，一味地裝腔作勢反而會暴露缺點，還不如學學史達林裝聾作啞，暗中使勁。

在某些場合，尤其是社交場合，對於某些難以回答而又不好迴避的問題，你可以含糊其辭，模稜兩可，隱晦籠統地回答，如「可能是這樣」，「我也不太瞭解」等等，既擺脫了對方的糾纏，又給自己留下迴旋餘地。

再如有人和你因為某事爭執不下，而又鄙視你說：「你懂什麼?跟你爭論簡直是對牛彈琴!」

你可立即接引起來回敬對方：「對！牛彈琴。」

這種直接的反唇相識的方法常常見到，但總有爭辯之嫌，效果不如幽默好。

要想做到巧問巧答，最根本的是掌握說話的藝術，從實際情況出發，運用得當才能化險爲夷。

罵人不必帶髒字

遵從對手的勸告是錯誤的，但聽聽他的勸告是應該的，這樣你就可以相反地行事；這是精明對策的要點。

——薩迪

為批評披上幽默的外衣

幽默式的批評能讓場面變得輕鬆、有趣，這使得被批評者能輕易地接納你的批評，進而去思考自己不當的行為，改善自己的缺點。

想要成爲一個傑出的領導者，必須具備幽默感，不得不批評部屬的時候，更要設法加點幽默。

只要懂得這個竅門，許多管理難題都會迎刃而解。

一個管理者最大的忌諱就是聲色俱厲地批評部屬，使他們覺得自尊心受到羞辱，如此只會讓部屬和自己設定的目標背道而馳。

但是，培養幽默感並非易事，運用之時更要看場合。

若是把握得不好，在批評中加入自以爲是的幽默，往往會使批評帶有諷刺的意味，從而使被批評者反感；但只要運用得當，在批評中加入眞正的幽默元素，常會有意想不到的效果。

例如，我們可以針對別人的錯誤說一個含有啓迪意味的幽默故事，從側面提示對方的錯誤與不當的行爲，使他在笑聲和輕鬆的氣氛中反省自己的過錯。以下這個小故事正是幽默運用得當的好例子。

有一次，幾個屬鼠的男同學在期中考中考了滿分；這些人相當得意，甚至有些驕傲自大了起來。

他們的導師發現之後，對他們說：「怎麼這麼得意啊？你們知道得意代表什麼嗎？」

那幾個學生心想，糟了！老師接下來必定會責備一番，但是，出乎他們的意料之外，老師只是說了一個有趣的小故事。

老師說：「我曾聽過這麼一個故事。有隻小老鼠外出旅遊，恰好看到兩個孩子在下獸棋。小老鼠看著他們下棋，看著看著，竟發現了一個天大的秘密，那就是儘管獸棋中的老鼠會被貓吃掉、被狼吃掉、被老虎吃掉，不過卻可以戰勝大象！」

「看到這個情景，小老鼠心想，原來我才是真正的百獸之王呢！這麼一想，小老鼠就得意了起來，從此瞧不起其他任何動物。有一天，他甚至大搖大擺地爬到老虎背上，恰好老虎正在打瞌睡，懶得動，只是抖了抖身子。」

「有了這個經驗後，小老鼠因而更加驕傲、得意，於是他趁著黑夜鑽進大象的鼻子，大象覺得鼻子癢癢的，就打了個大噴嚏，瞬間小老鼠就像炮彈般地飛了出去，就這麼飛呀、飛呀，飛了好久才掉進臭水溝裡。」

「好，現在請大家看看『臭』這個字是怎麼寫的呢？『自』、『大』再加一點就是『臭』字。有趣的是，今年正好是鼠年，班上也有不少屬鼠的同學，那麼，這些『小老鼠』們會不會也掉到臭水溝裡呢？我是想不會，但前提是他們得收斂自己驕傲、自大的心理。」

說到這裡，老師還特意看了看那幾個同學，幾位同學當然明白，老師的批評全包含在那個有趣的故事中了。

因為故事相當有趣，所以幾位同學很快就接納了老師提出的批評，並改正了自己的缺點。

這位老師恰當地使用幽默的批評方式，透過老鼠驕傲自大的有趣故事，從側面暗示同學驕傲、自滿的心理，並以老鼠糟糕的下場來說明這種心態必然會導致惡劣的後果。

因爲老師的比喻貼切、用詞風趣，所以學生不但不會感到諷刺，還了解了自己的缺失所在，進而願意改善自己的行爲。

由此可見，使用恰當的幽默式批評能有多大的效果。

人人都不喜歡聽批評，甚至明知是自己有錯，聽到批評時還是會產生不滿的情緒，也無法心甘情願地接納，進而改善自己的錯誤。所以，若要使對方能接納我們的批評、說服對方改善自己的缺失，提出批評時就要多用點技巧，幽默式的批評就是很好的辦法之一。

幽默式的批評並非正面抨擊對方的缺失，不會讓被批評者太過難受，而且還能讓場面變得輕鬆、有趣，這也使得被批評者能輕易地接納你的建議，進而思考自己的不當行爲，改善自己的缺點。

如此，你提出的批評才能發揮效果。

罵人不必帶髒字

演講者總是把手插在你的口袋裡，把舌頭伸進你的耳朵裡，他信仰的是你的耐心。

——比爾斯

用鼓勵的方法說出批評的話

對於那些心懷不滿的下屬，除了要進行嚴厲的斥責，也不妨聽聽他的牢騷，然後，再針對他們的心理和錯誤進行有效的批評。

美國作家豪說：「在蠻荒的古代，人們用斧頭相鬥，文明人埋掉了斧頭，他們的格鬥，靠的是舌頭。」

其實，在用舌頭當武器的人性戰場上，如果，你想向別人「開罵」，不一定要出口成「髒」，有時候，用指桑罵槐的方式反諷，不僅可以爲自己留一步餘地，而且，照樣可以踩到你想罵之人的痛處。

每一個團體都有一些心懷不滿的人，這樣的人最不好管理，因爲他們的自尊心很強，對別人的批評也非常敏感。

但相對的，他們對於自己所犯錯誤又認識不清，總認爲別人是在藉機找自己的碴，對別人的批評也是充耳不聞，當成耳邊風。

批評這種人一定要注意方法，因爲一處理不好，說錯了話，讓他抓到把柄，他就會大吵大鬧，不可開交。

批評這種人一定要有充足的證據，並且可以採取非常嚴厲的批評手法，因爲只有徹底地整治他，他才會痛改前非。

有時，只用一種方法去批評很難奏效，這時可以從另一個角度試試，像對軟弱的下屬批評，除了前面的提醒式外，還可以採用鼓勵式的批評方法。

例如說：「我希望你下次能發揮出你的全部能力來」，「我認爲這種工作品質並不代表你的正常水準」……等等。

因爲，這種下屬對別人的評價很敏感，即使你不全部說出來，他也會知曉你的眞正意思。

對於那些心懷不滿的下屬，除了要進行嚴厲的斥責，也不妨聽聽他的牢騷，然後，再針對他們的心理和錯誤進行有效的批評。

例如，倘使他認爲他在工作上所犯的錯誤並不大，是你爲了整他而故意誇大的，你就可以把事實和後果向他闡述清楚，並考慮到他愛面子的心理，對他說：「你本來可以做得更漂亮一點，怎麼老像有心事似的？」「要把工作和生活分開，你很會享受生活，但在工作上還要認眞一點。」

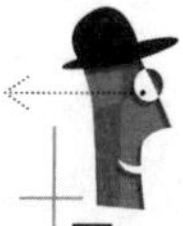

罵人不必帶髒字

對於別人的事，大家都表現得很聰明，唯獨對自己的事，誰也不聰明。

——愛默生

PART 8

先打一巴掌，再給一顆糖

在言語上，你應該巧妙地讓下屬感覺到你的關懷，使他不對你記恨，而是把你的批評看作為一種激勵、一種鞭策。

禮貌是社交大門的通行證

罵人不一定要口出惡言，只要順著對方的意思，說幾句幽默的話語，就能發揮「罵人不帶髒字」的功用。

芬蘭著名的音樂家西貝柳斯有一次在公園散步，不巧遇見了一位相當尖酸刻薄的音樂評論家。評論家態度傲慢地迎面而來，指著樹上吱吱喳喳的小鳥對西貝柳斯說：「依我看，這些小鳥才是最美妙的音樂家！」

這時，恰巧有一隻烏鴉一邊呀呀叫著，一邊停到樹上，西貝柳斯於是學著音樂評論家的動作：「依我看，牠和你一樣，都是相當優秀的評論家。」

法國大文豪羅曼羅蘭曾經這麼說：「如果你想要散佈陽光到別人的心裡，先得自己心裡有陽光。」

文雅的舉止，謙虛的談吐，和藹的容顏，這些都是我們在交際場合中應該具備的。如果你在待人接物中能夠做到熱情而不過分，客氣而不失禮節，那麼，肯定會有很好的人緣。反之，即使是有「理」但是傲慢無「禮」的話，將會對你的人際交往形成障礙，惹出諸多不必要的麻煩。

針鋒相對並不是最好的策略，「據理力爭」有時候也只是浪費口水。當你忍無可忍，不得不開口罵人時，不一定要口出惡言。有時候，只要像故事中的西貝柳斯一樣，順著對方的意思，說幾句幽默的話語，就能發揮「罵人不帶髒字」的功用。

罵人不必帶髒字

一個人既不可以相信自己的話，更不可以相信別人的話，應該只相信自己的行動和別人的行動。

——托爾斯泰

激發對方的優越心理

每個人潛在心理都希望「站在比別人更優越的地位上」，或「自己被當成重要的人物」，這種潛在心理就是優越的心理。

某家鑄造廠的業績始終低迷不振，員工工作沒幹勁，不是曠職就是遲到、早退，交貨總是延誤，而且品質低劣，使消費者抱怨連連。

雖然，經營者一再指責現場管理人員，也想盡辦法要激發從業人員的工作士氣，但始終不見效果。

有一天，這個經營者發現，他交代的事情一直沒有獲得解決，於是決定改變方式。這個工廠採取晝夜兩班輪流制，他在夜班要下班的時候，在工廠門口攔住一個作業員，問他：「你們的鑄造流程一班可做幾次？」

作業員答道：「六次。」

這個經營者聽完後，就用粉筆在地上寫下「六」。

緊接著早班作業員進入工廠上班，看了這個數字後，不甘落後，竟改變了「六」的標準，做了七次鑄造流程，並在地上重新寫上「七」。

到了晚上，夜班的作業員為了刷新紀錄，就做了十次鑄造流程，而且也在地面上寫上「十」。

過了一個月，這個工廠的業績大幅提升。

這個經營者僅用了一支粉筆，就重整了工廠的士氣，員工們突然產生的士氣是從哪裡來的呢？

相信你已經注意到，這是因爲有了競爭的對手所致。

很多人做事一向都是拖拖拉拉，毫不起勁，可是突然有了競爭對手後，就激發起了他們的士氣。

每個人都有自尊心和自信心，潛在心理都希望「站在比別人更優越的地位上」，或「自己被當成重要的人物」，從心理學來說，這種潛在心理就是優越的心理。

有了這種心理之後，人類才會努力成長，也就是說這種慾望是刺激人類不斷成長的基本元素。

這種優越的慾望，在有特定的競爭對象存在時，意識會特別鮮明。當他們有打垮競爭對手的意識之時，就會更加努力。

罵人不必帶髒字

對人最有助益的，莫過於良師益友；世間最有害的，莫過於狐群狗黨。

——瓦魯瓦爾

學會說話，別人才會聽你的話

說話勸諫的時候，不以鋒利的言辭、縱橫的氣勢、縝密的論辯來取勝，相反地卻可以運用「敏於思而訥於言」的技巧，借助自然的道理和高明的智慧來取勝。

爲人處世，最重要的就是與人交流溝通，而言語則是與人交流最關鍵的媒介。所以想要順利行事，就要學會見機行事的說話技巧才行。

各種話語之中，又屬勸諫最難。因爲每個人都有個人獨到的見解，要想說服對方放棄原本抱持的看法，接受另一種想法，是一件非常困難的事情。如果使用的方式不當，反而會適得其反。

此時，建議用旁敲側擊的迂迴戰術來進行勸說，不直接批評對方的不是，而是引導他自己發現正確的道路。

春秋時期，鄭國發生了鄭莊公和他的弟弟共叔段爭奪王位的事。在這個事件當中，鄭莊公的母親姜氏支持小兒子共叔段。當鄭莊公消滅了他的弟弟以後，當面對他的母親發下重誓：「不到黃泉永不相見。」

母子二人從此斷絕了關係。雖然後來鄭莊公感到後悔，卻由於受限於誓言，無法再與母親言歸於好。

穎考叔是鄭國的一個小官吏。一天，穎考叔外出打獵，獵到了幾隻貓頭鷹。正當他背著獵物要回家時，從路人那裡聽到了鄭莊公和他母親決裂的事。於是，穎考叔提著那幾隻貓頭鷹，以向主公進獻野味為名進見莊公。

莊公笑著問：「你進獻的是什麼野味呀？」

穎考叔急忙上前說：「這種鳥叫鴞，十分不孝。小時候牠的母親哺餵牠，長大以後不僅不知回報，反倒啄食母親的肉，所以人們都捕捉牠煮著吃。」

聽了這番話，莊公驀然心驚，似有所悟，隨即淡淡地說：「為這幾隻鳥，你就跑這麼遠的路，今天不要走了，在這兒吃飯吧。」

過了片刻，廚師送來一隻蒸羊。

莊公命人賜羊肉給穎考叔吃，穎考叔行了禮，接過羊肉，首先挑出一塊上好的羊肉包起來，恭敬謹慎地放在一邊，然後自己才開始用餐。莊公看他的舉止覺得不解，問他為什麼不吃那塊好肉。

穎考叔說：「因為我家窮，買不起羊肉，八十歲的老母親從未吃過這麼好的羊肉，平時只有弄點野味孝敬老人。主公賞賜我的羊肉，老母親吃不到，我哪裡嚥得下呢？我想把這塊肉帶回去給母親嚐嚐，想必主公不會怪我吧？」

莊公聽了，長歎一聲說：「你真是孝子呀！」說著便淚如泉湧，「你有母親可以奉養，能夠盡人子的孝順之心，而我卻不能了。」

穎考叔仍然裝作不知情的樣子問：「姜夫人不是還健在嗎？大家都知道主公十分賢孝，對姜夫人的話唯命是從，你怎麼能說不能盡孝呢？」

莊公又歎了一口氣，把母親姜氏已被遣送到穎地的事告訴穎考叔，並說：「當時這件事處理得太草率，現在想來很是難過。無奈當時已立下誓言，『不到黃泉永不相見』，現在追悔莫及呀。」

潁考叔聽了莊公的話，接著說道：「大家都說主公至孝，您現在一定非常想念您的母親。如果覺得因為曾發過那樣的誓，一旦見面就失去了威信的話，我倒有個辦法。誓言中提到所謂黃泉就是地下的泉水，也就是地下的意思，事實上，不一定非等到人死了才到地下。」

「如果讓人挖個地道，在地下修一座宮殿，請姜夫人住在裡面，您再到那裡去見她，不就是『不到黃泉不相見』嗎？見了面之後，再把姜夫人接上來，不就可以兩全其美了嗎？」

莊公聽了非常高興，他稱讚潁考叔的忠孝，更讚賞潁考叔的聰明才智。

在潁考叔的計劃之下，地下宮殿建好了。

潁考叔先把姜氏接到地下宮中，述說了莊公思念母親的心情，然後又請莊公到地宮去拜見母親，並把她接回了滎陽。

想處事更加順利，說話勸諫的時候，不必得像蘇秦、張儀之流以鋒利的言辭、縱橫的氣勢、縝密的論辯來取勝，相反地卻可以運用「敏於思而訥於言」的技巧，借助自然的道理和高明的智慧來取勝。

穎考叔假裝不知道莊公和他母親之間的事，也不說莊公應該如何如何，而是先說鴞鳥如何不孝，自己又表現出什麼是眞正的孝。

當這兩種涇渭分明的立場擺在莊公的面前時，莊公自己的矜持就被擊潰了，此時再提出建議，絲毫不會挫傷莊公的面子。

穎考叔可說是善於提出諫言的最佳例子。

罵人不必帶髒字

對一個人來說，如果想要知道自己該向哪裡進攻，在哪裡據守，往哪裡撤退，別急著研究自己，必須先了解你的競爭對手。

——戴維．斯托特

設法把蠢豬變成猛虎

當別人的表現不如自己的預期時，破口大罵並不是最好的方式，有時不妨以讚美競爭對手的方式，製造他的危機意識。

有位哲人曾經針對不同個性的人，說過一番有趣的比喻：每一個人心中都有一隻老虎、一頭豬、一匹驢和一隻夜鶯，正是這四者活躍程度的不同，造成了人與人之間性格與工作態度的不同。

想要將一個人從懶豬變成猛虎，有時候就必須透過不經意的暗示言語，讓他產生濃厚的危機意識。

有個企業家有一個長年為他開車的司機，最近他感覺這個司機工作態度惡劣，不但經常遲到，而且開車時心不在焉，讓他毫無安全感。

然而，這個企業家並不直接責罵他，只是若無其事地告訴他說：「你也認識你的同行A君吧?他是你的晚輩，據說工作態度非常認真，給人的印象很好，從來都不遲到早退。」

這個經營者只淡淡地說了這些，就不再多說了。那個司機當時並沒有任何反應，但從此以後，他的工作態度就有了極大的轉變。畢竟在經濟不景氣的時代，每個人都想保住自己的飯碗。

當別人的表現不如自己的預期时，破口大罵並不是最好的方式，有時不妨以讚美競爭對手的方式，製造他的危機意識。

要能利用這種心理，並設立一個競爭對象，讓對方知道競爭對象的存在，就一定能成功地激發起一個人的幹勁。

但是，如果以直接的方式告訴對方說：「他就是你的競爭對手。」效果會很差。因爲，這樣好像給了對方一個強制性的壓力，使對方有了警戒的心理，他反而會在心理上產生反抗。

某個有名的中學教師，經常以學生的成績來編排座位，使成績相近的人坐在一起。如此一來，學生之間很自然地就會產生競爭的心理，因而會更加用功讀書。

以這種方式去誘導對方，讓他注意到競爭對手的存在，那麼你的目的就可以達到八十％。

罵人不必帶髒字

由於發出忠告的人總是顯得高人一等的模樣，因此，即使是最必要，或者是最英明的忠告，也永遠不為別人所接受。

——約翰遜

給人留面子就是給自己留後路

大家都容易犯一個錯誤——勇於為他人定罪，但事實上，是勇於對他人的過錯加以攻擊。

批評謾罵就像是用刀傷人，傷口儘管可以治癒，但是傷疤卻永遠不會消失。遭到批評謾罵的人或許會表現出寬容的態度，但這只是我們看到的表象，他們的內心或許正醞釀著如何藉機發動致命的反擊。

不管在什麼情況下，批評要對事，而不要對人。

俗語說：「樹有皮，人有臉」，所謂的臉，就是一個人的自尊。領導者在批評下屬時，一定要注意不能傷害下屬的自尊心。

當然，不同的人有不同的性格，對於批評，每個人自尊心的敏感程度也不一，因此要視不同對象，採取不同方式批評。

對那些自尊心較強和敏感的人，你要儘量小心說話，對他們所犯的錯誤點到即止；對於那些臉皮比較厚的人，則可以適度加重些，唯有如此，才能使他們意識到所犯錯誤的嚴重性。

傷害人自尊是最令人難以忍受的，因此，一般人不會這麼做，但是，在情緒不好或是發怒的時候，就難以控制了。

譬如，你看到下屬犯了一個錯誤，也許並不那麼在意，但是心裡一煩，就隨口罵了一句：「笨豬！」

結果會是什麼呢？堅強一點的下屬也許什麼都不作聲，只在心裡默默地回罵，懦弱一點的也許就含著淚水離去。

爲什麼簡簡單單的兩個字會造成這樣的結果？

原因非常簡單，因爲你傷害了別人的自尊心。

尼采曾說：「大家都容易犯一個錯誤——勇於為他人定罪，但事實上，是勇於對他人的過錯加以攻擊。」

每一個人都有自尊心，即使他們是在犯錯的情況下，也別以爲他們錯了，你就可以隨意地數落他們。

須知，在自尊和人格上每個人都是平等的，你如果不顧及下屬們的自尊，把他們逼急了，他們也會反過來刺傷你的自尊與尊嚴。

千萬要記住，給人留面子是替自己留後路。

罵人不必帶髒字

在交談當中，有的人用些陳腔濫調折磨著每一個賓客，不讓自己的舌頭休息片刻，卻自以為是學識淵博。

——斯威夫

先打一巴掌，再給一顆糖

在言語上，你應該巧妙地讓下屬感覺到你的關懷，使他不對你記恨，而是把你的批評看作為一種激勵、一種鞭策。

只知一味斥責下屬而不懂安撫的人，是不合格的領導者。

眞正優秀的領導者，在痛斥部屬之後，總會不忘讓他消消氣，補上一兩句安慰或鼓勵的話。就像父母打小孩，小孩號啕大哭之後，父母就會給他一兩顆花花綠綠的糖果或點心，這就叫「打一巴掌還要揉三揉」。

做領導人也應該這樣，因爲，任何下屬在遭受頂頭上司批評後，心中都不好受，有時甚至會想，他是不是對我有什麼成見了。

在這種情況下，你若能適時地鼓勵和寬慰，那麼下屬就會很快振作起來。

譬如，你可以在批評他的當天晚上打電話給他，跟他好好聊一聊，讓他寬寬心，那麼他不僅會體諒你，而且你主動打電話，他也會覺得很有面子而感激你。

或者，你還可以私底下對和他關係密切的部屬說：「我是看他有前途、能夠進步的那種人，所以才批評他，雖然方式不太好，但是爲了他好啊！」

若那個人把你的話轉達給被批評者，他就會恍然大悟：「原來，他是爲了我好啊，看來，我錯怪他了。」

當然，在言語上，你應該巧妙地讓下屬感覺到你的關懷，使他不對你記恨，而是把你的批評看作爲一種激勵、一種鞭策。

如果他仍然對你心存疑慮，這時，你就應該在工作上繼續表現出對他的信任來，使他感覺到你的批評的確是在幫助他，而不是他所想像的那樣是在整他。

這樣一來，他心中的疑慮就會逐漸消失，而且對你的信任也就會慢慢增強。

要切記的是，你是在安撫和寬慰你的下屬，而不是在向他求饒，如果你表現過頭，讓你的下屬感覺到你是在向他求饒，這可就變成最大的失敗了。

這種行爲不僅無助於你在下屬心中樹立威信，反而會使他覺得你很好對付。

因此，在安撫下屬的時候，有兩個要特別注意的地方。

一是不必當面向下屬解釋爲什麼斥責他，只要你確定錯誤的確是他犯的，你批評他，他自然就會明白。特別是不能隨便向他道歉，除非你的批評完全搞錯了對象。

二是，不要反覆幾次地對他進行安撫，一次、二次，下屬還會感動，次數多了，他就會覺得好笑，覺得你一點魄力也沒有。

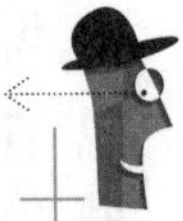

罵人不必帶髒字

在天國的戶口名簿上，愚蠢的生物和聰明的生物一樣，都是早就登記上了的。

——米克沙特．卡爾曼

如何面對狂妄自大的部屬

狂妄自大的人就像是隻公雞，認為太陽升起的目的，只是為了聽牠啼叫。

有的下屬仗著自己「才高八斗」，就目空一切、恃才傲物，誰都看不起，包括自己的上司。令人頭痛的是，他又有一手絕活，公司缺少不了他。在這種狀下，你只能掌握這種下屬的個性，並學會與他和諧相處。

一個人狂傲未嘗不可，有時狂還是優點。但是，太過狂妄就不太好了，狂中帶有不切實際的妄想，或許這種人是個人才，但他卻自命不凡，以爲自己是曠世之才，前無古人後無來者。

如果一個下屬狂妄到這種地步，卻又不能開除他，那眞是教領導者頭痛萬分。

大凡恃才傲物的人都有如下的特性：

1.把自己看得很了不起，別人都不如他，大有「捨我其誰」的感覺。說話也一點不謙遜，甚至常常話中帶刺，做事也我行我素，對別人的建議不屑一顧。

2.大多自命不凡，卻又好高騖遠、眼高手低，即使自己做不來的事，也不願看到或交給別人去做。

3.往往是性格怪異的自戀狂，聽不進、也不願聽別人的意見，不太和別人交往，凡事都認為自己才是對的，對別人總是抱持懷疑態度。

要跟狂妄自大的下屬相處，必須先掌握他們的心理，然後採取有效的因應方法，要用其所長，切忌壓制、打擊或排擠。

狂傲的人，大都有一技之長，否則，根本就沒人願意理會他。因此，你在看到他不好的一面時，一定要有耐心地與他相處，要視其所長而加以任用，絕不能因一時看不慣，就採取壓制的辦法。

這樣，只會讓他產生一種越壓越不服氣的叛逆心理，當你需要用他的時候，他就可能故意拆你的台或扯你後腿。

因此，萬一你碰到這種人，就要想想劉備爲求人才三顧茅廬的故事，畢竟你是在爲整個企業的利益著想，而不是爲了個人的利益在忍氣吞聲，因此，在這種人面前，即使屈尊一下也不算失掉人格。

罵人不必帶髒字

倘若一個人已經做過的事沒有什麼成績，不足以表揚他自己，就請他埋頭工作，不可多開他的尊口。

——愛迪生

不要讓你的幽默變了調

有的人可能誤解了幽默的涵義，或者是不懂幽默的用意，結果，自以為是的幽默變成為低俗的笑話，或是挖苦的語言，效果自然也就跟著變了調。

在商務交際活動中，比較容易獲得成功的是幽默的談吐。

幽默可以活絡氣氛，拉近雙方的心理距離，並讓人留下良好的印象，讓對方知道，你是一個頭腦靈活、處事不死板的人。

可以這麼說，在與人交際應酬時，幽默有著無可替代的作用，是不可缺少的潤滑劑。例如：

- 幽默可以緩和初次見面的緊張感。
- 幽默可以增進你與對方的親密感。

•幽默可以適時開啟對方的心扉，創造絕佳契機。

由此可見，掌握一些幽默風趣的談話技巧是相當必要的。

一般人都喜歡與有幽默感的人合作，因爲，這種合作對象會令人感到比較愉快。但是，有的人可能誤解了幽默的涵義，或者是不懂幽默的用意，結果，自以爲是的幽默變成爲低俗的笑話，或是挖苦的語言，效果自然也就跟著變了調。

如何培養幽默的技巧呢？

第一必須頭腦靈活，其次要有多方面的興趣，這樣才能通曉廣泛的知識；最後，最重要的一點就是態度要隨和親切。

幽默與當下的氣氛有著密切的聯繫，如果不注意在氣氛上加以改善，只是一味地把自己認爲幽默的故事搬來套用，這在某種程度上等於張冠李戴，是不會收到預期效果的。

發揮幽默機智也要選擇適當的時間，在重大問題上做嚴肅討論的時候，往往不具備幽默的空間，等重大問題的討論告一段落了，大家隨意交談的時候，幽默才可以派上用場。

當你在商務應酬中途遇到困難或瓶頸，雙方都陷入緊張的情緒中時，唯有「幽默」才能將令人窒息的氣氛緩和下來。

罵人不必帶髒字

也許金山銀山都不足以使某些人受到誘惑，但是，高明的奉承絕對會讓他們醉倒在地。

——比徹

PART 9

換一種說話方式去罵人

在現代的日常生活中，我們屢屢見到令人不滿或生氣的事情，這時，「罵人不帶髒字」的批評方式就可派上用場。

傾聽才是溝通的最高境界

「傾聽」是與人交流溝通的最高境界，將對方表達的意思，瞭解清楚之後，才表達自己的看法，這種溝通的成功率極高。

經常有人誤以爲交流溝通就一定要靠嘴巴說話，其實這是不對的觀念，我們可以用筆溝通、用肢體溝通、用眼睛溝通、用微笑溝通，最厲害的則是用傾聽來溝通。

當然，得要看在什麼狀況之下，再選擇用什麼方法溝通。如果你是團體的領導人，那就更要懂得這一點。

有一個青年去找哲學家蘇格拉底，想要向他學習演講的技巧。

青年一見到蘇格拉底，就滔滔不絕地介紹自己的理想和抱負。好不容易等他說完了，蘇格拉底才說：「要教你演講可以，但是我要收兩倍的學費。」

青年一聽，覺得很奇怪：「為什麼教我要收兩倍的學費呢？」

「喔，」蘇格拉底看了看青年一眼，「因為我得教你兩門學問，一是教你怎麼開口，二是教你怎麼閉嘴。」

曾經有個學生問哈佛大學的名教授查理斯·柯布蘭：「學校為什麼不開會話的課程？我想要學會話的藝術，有什麼好辦法嗎？」

教授馬上回答：「當然有辦法。你只要靜下心來聽，我就告訴你。」

學生點點頭。但是等了好久，柯布蘭都沒說話。

學生忍不住說：「教授，我在聽。」

聽到這句話，查理斯·柯布蘭教授很高興地回答說：「你看，你不是已經學會了會話的藝術了嗎？」

個性獨裁跋扈的人，往往只專注於意見的表達，不懂得傾聽的藝術。當他說話告一段落沉靜下來，似乎是在聽別人的意見，但是一開口卻根本接不上別人的話。原來，他中止的時候，還是在想下一句要說什麼。

「傾聽」是與人交流溝通的最高境界，真正的傾聽不但是要用耳朵聽，還要用心去聽，真正能夠將對方所表達的意思，瞭解得清清楚楚之後，再經過腦袋客觀地分析、研判。一旦思考有了結論，才運用說話的技巧妥當表達自己的看法，這種溝通的成功率極高。

世界知名的大音樂家李斯特，在俄國巡迴演出時，應沙皇之邀到克里姆林宮演奏。沒有想到，就在演奏進行當中，沙皇不但很傲慢地躺在沙發上，還不斷和旁邊的人聊天。

李斯特氣極了，根本沒有心情好好地演出，瞪了沙皇一眼。可是，沙皇一副毫不在乎的樣子，依然不斷講話。

李斯特雖然憤怒，可是臉上仍保持著一副平和的樣子。他一言不發地蓋上琴蓋，中止了演出。

沙皇見了覺得很奇怪，叫侍從去問音樂家為什麼不演奏了。李斯特故意提高音調，但是仍然溫文有禮地大聲回答：「喔！沒什麼，只不過大家都在聽陛下說話，我也應該靜下來，不要打擾陛下說話。」

沙皇一聽，尷尬地笑了笑，停止了說話，等到了大廳一片靜寂之時，李斯特才又打開琴蓋，若無其事地繼續演奏。

罵人不必帶髒字

傾聽每一個人的意見，可是只對極少數人發表你的意見；接受每個人的批評，可是保留你自己的判斷。

——莎士比亞

不想吃虧就別佔人便宜

「貪心」是人們最容易犯的錯誤，那些被金光黨洗劫一空的受害者，不也是因為起了貪念在先嗎？

討價還價、殺價砍價是菜市場中每天都在上演的戲碼。人們一面擔心自己吃虧，一面又想盡辦法要佔人便宜，然而，道高一尺魔高一丈，你以爲自己佔了便宜，最後卻往往是吃了大虧。

清朝著名的畫家鄭板橋，有一位窮朋友名叫張文涓。

張文涓的家境貧寒，某次周轉不靈，逼不得已欠了鹽商二兩銀子。儘管他苦苦哀求，但是鹽商卻怎麼也不答應讓他再拖欠數日，命人到張家，硬是搬走他家祖傳的大龍缸。

鄭板橋聽聞此事，看不慣這個勢利眼的商人，心生一計，想要好好的教訓教訓他。於是，鄭板橋來到了鹽店，佯裝看中擺在店裡的大龍缸，故意傻頭傻腦地問老闆：「這個缸我很喜歡，你賣多少錢一斤？」

老闆一聽，認為這個人想必是個書呆子，沒見過世面，缸哪有論斤賣的？本來想辱罵他幾句，卻忽然轉念一想，這不正是個大好機會，趁機在這個書呆子身上好好敲上一筆。

於是，老闆回答：「算你便宜點，一斤就賣五錢銀子。」

「好，我買了。」鄭板橋想也不想，便答應了。

鹽商笑得合不攏嘴，這缸少說也有一百多斤，這麼便宜的事居然讓他給碰上了，這不是天上掉下來的財富嗎？

打鐵趁熱，鹽商馬上差幾個人抬著大缸，跟著鄭板橋回家。鄭板橋故意帶著他們在大街小巷不斷繞啊繞的，直到抬缸的那幾個人氣喘吁吁，手腳發軟，只差一點就要癱坐在地上了。

鄭板橋看到機不可失，便走到張文涓家附近的一個小店，進去借了一個小秤，然後對鹽商說：「這缸實在太重了，我看你的人也搬不動了，這樣吧！你把缸敲下一塊來，秤三斤賣給我，我自己帶回去。」

鹽商一聽，面紅耳赤地拉著鄭板橋大罵：「混帳！你分明是在耍我！缸怎麼能敲碎了論斤賣？」

鄭板橋不疾不徐地說：「但是，我先前跟你談的是論斤賣，你自己說可以的，不是嗎？至於要買多少斤，那當然是在我囉！」

鹽商氣得說不出話來，但是，看著抬缸的幾個工人累得坐在地上爬不起來，只好無奈地說：「這缸就便宜賣給你吧！原來是別人以二兩銀子抵債的，我就收你二兩銀子吧！」

於是，鄭板橋開開心心地付了二兩銀子，吩咐鹽商把缸送回張家。

鄭板橋是聰明的，但是也是奸詐的；他成功運用人性的弱點，扮豬吃老虎，讓鹽商不疑有他，一步步落入他的陷阱中。

「貪心」是人們最容易犯的錯誤，那些被金光黨洗劫一空的受害者，不也是因爲起了貪念在先嗎？

如果不想被人佔便宜，就要先堅持不佔人便宜。天底下或許眞的有這麼好的事，但是何以會平白無故地落到你頭上？

人們總是欺善怕惡，柿子揀軟的捏，但是，千萬要小心提防你捏到的不是軟的，而是爛的。

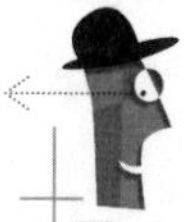

罵人不必帶髒字

爭執的結果往往是這樣的，十之八九的人比先前更加相信自己絕對是正確的。

——伯特勒

「裝瘋賣傻」拒絕不喜歡聽的話

朋友之間當然應該互相關心，但是，對於某些敏感的問題還是小心避開為妙，千萬不要無聊到去當別人傾吐苦水的「垃圾桶」。

美國作家赫爾曾說：「想要把自己剪裁得適合每一個人的人，到最後恐怕連自己都不認識自己。」

其實，做人難免都會顧此失彼，魚與熊掌本來就不可兼得，重點應在於你如何運用智慧，在兩者之間取得一個平衡點來做你自己。

日常生活當中，每個人都有不爲人知的心煩事情，有些人卻毫不體諒別人的立場，硬要把自己的煩惱加諸別人身上，硬要把自己的私事傾吐給別人知道。

對於這些惱人的事，也許你根本懶得理會，甚至連聽也不願意聽，但是又怕對方發生不必要的誤會，所以不得不耐著性子，勉爲其難地充當別人的「垃圾桶」，最後把自己搞得煩不勝煩。

這種做法其實是錯誤的，千萬要記住，對於別人的某些私事聽過就算了，不要自告奮勇捲入是非的漩渦，尤其是夫妻間的感情糾紛，否則你馬上會變成「是非人」，無法全身而退。

朋友之間當然應該互相關心彼此的生活狀況，但是對於某些敏感的問題還是小心避開爲妙，千萬不能憑一時的正義感過問別人的家務事，也不要無聊到去當別人傾吐苦水的「垃圾桶」。

對於朋友的家庭糾紛要裝聾作啞，不要追問事情的來龍去脈，因爲一旦你知情或介入了，就會被他們認定爲當然的「判官」，從此不得安寧。

遇到朋友對你傾吐這些惱人的問題，如果你不想弄亂自己的情緒，就必須想辦法加以推辭。遇到對方想邀你聊一聊時，你可以推說自己很忙，不管他說得多麼可憐，一概以「忙得不能抽身」爲理由推卸。

你一拖再拖之餘，對方就會馬上轉移目標另行尋找「垃圾桶」，這樣一來，你就可以逃過一劫。

如果你眞的避不開，那麼建議你適時「裝瘋賣傻」，裝作根本聽不懂他到底在說什麼，頻頻反覆詢問對方，讓對方覺得自己對牛彈琴，另外尋找「聽眾」。另外，你也可以表現得心不在焉，專說些牛頭不對馬嘴的話，對方如果是聰明人，一定會識趣打住，另尋可以一吐爲快的倒楣鬼，你就可以趁機脫離苦海了。

罵人不必帶髒字

不管一個人說得多好，你要記住：當他說得太多的時候，終究會說出蠢話來。

——大仲馬

用「只有你才能」瓦解對方戒心

當一個人優越感被觸及時，他就會不斷地想要和對方接近。挑起對方的優越感，可以瓦解對方的警戒心理，使他採取積極的回應態度。

美國口香糖大王李格雷的傳記中，有一則與潛在心理攻心術有關的故事。

這件事是李格雷還在一家肥皂公司擔任推銷工作時發生的。有一天，一個雜貨店的老闆，突然跑進李格雷任職的肥皂公司，以非常嚴肅激動的口氣叫道：「像你們這樣的公司，一定會垮掉。」

當時，在場的員工聽到這番話都十分生氣，但是，李格雷卻不以為意地對雜貨店老闆說：「非常對不起！但是我想我們一定非常有緣。我是新來的業務員，請問您有何指教？請給我一點建議吧！把肥皂賣出去是我的責任，您是一個經驗豐富的人，請您教我應該怎樣做。」

這個雜貨店老闆剛開始時很生氣，但是當他被李格雷觸及優越感和自尊心後，隨即和顏悅色地說道：「那……我就告訴你吧，你最好賣便宜一點。」

接著，他對李格雷滔滔不絕地談論生意經，並且越談越起勁，一直說了兩個小時，到最後他不但把推銷肥皂的訣竅傳授給李格雷，而且臨走時還承諾要大批購買該肥皂公司的肥皂。

當一個人優越感被觸及時，他就會不斷地想要和對方接近。譬如，當上司想和部下談論一件事情時，與其開口說：「我想和你談一談。」倒不如說：「只有和你才可以談這件事。」

這兩句話給部屬的感覺是完全不一樣的。

上司說前一句話時好像帶著壓力，會使部下的內心裡築起一道防禦的牆，而以抗拒的態度來回答。反之，「只有你才……」的說法，卻可以瓦解對方的警戒心理，使他採取積極的回應態度。

另外，像一些會員制的俱樂部、高爾夫球場或五星級飯店，爲了要招募會員，總是利用消費者的潛在心理，採取誘人的廣告詞，如「唯有像您這樣年收入一百萬以上的人……」、「唯有像您這種××大學出身的人……」、「唯有像你這樣被精挑細選出來的人」等等，這些都是想觸及接信人的優越感和自尊心。

相信每個人一定有過接到廣告信函，連看都不看一眼就扔掉的經驗，但是，如果接到類似上述口氣的宣傳廣告時，即使不想入會，也會多看幾眼上面的句子，滿足一下自己的虛榮心。

罵人不必帶髒字

要是不對人的性格進行判斷，要是不善於判斷，我們一年也活不下去，非得闖禍不可。

——伍爾芙

如何讓對方看清自己的缺點？

狂妄自大的人，往往對自己說過的話不負責，信口開河說自己樣樣都行，其實他能幹的地方只一兩個方面。

驕傲是一種幻覺，因爲驕傲的人老是睜著眼睛做夢，幻想自己能夠做到所有的事情，並且以爲這就是事實。

驕傲的人多半是愚昧無知的弱者，因此，如果不及時看清自己的嘴臉，最後只會在不斷的自我膨脹裡毀滅自己。

狂傲自大的人雖然在某些方面、某個領域內才能出衆，但仍有不足和缺陷。因此，你也可以巧妙地利用這點，讓他看到自己的不足，讓他自我反省，減低自己的傲氣。

譬如，安排一兩件做起來相當吃力，或者估計難以完成的工作讓他做，並事先故意鼓勵他：「好好做就行，失敗也沒關係。」

如果，他在限定的時間內做不出，你仍然和顏悅色安慰他，那麼，他就一定會意識到自己先前的狂妄是錯誤的，並會加以改正。

此外，狂妄自大的人，往往對自己說過的話不負責，信口開河說自己樣樣都行，其實他能幹的地方只一兩個方面。

領導者不妨抓住他喜歡吹噓的弱點，對他說：「這件事情全公司人都做不來，只有你才行。」而給他的工作，恰恰是他陌生或做不好的事情。

他遭到失敗是預料之中的事，失敗之後，同事肯定會嘲諷他，令他難堪，這時你要安慰他，不要讓他察覺你是故意要讓他出醜。

這樣一來，他就會服服貼貼，雖然不可能改掉狂傲的脾氣，但你以後使用他的時候就順手多了。

狂傲自大的人總是認爲自己了不起，做什麼事都顯得漫不經心，以表現自己是多麼厲害，隨隨便便就可以把一件工作做好，也常常會因爲這種心態而把事情搞砸。

這時候，你千萬不可以落井下石，相反的，要勇敢地站出來替他承擔責任，幫他分析錯誤的原因。

這樣一來，他以後在你面前就不會傲慢無禮了，並會用他的特殊才能來幫助你完成工作。

罵人不必帶髒字

不要把一切都告訴人家，但也絕對不要說謊。你也許已經注意到，最愚昧的人就是最愛說謊的人。

——賈斯特菲爾德

用尊重換取成功

要想維護他人的自尊心，首先必須先抑制自己的好勝心。越是想要出鋒頭，就越可能讓自己陷入險境，招致禍害。

單打獨鬥不適合這個社會，想要成功，很多時候必須倚仗其他人的力量。所以必須用心經營人際關係，多交朋友。

而說起交友準則，有一句古老諺語相當貼切，就是「嚴以律己、寬以待人」。嚴以律己，就是嚴格地約束自己，儘量減少差錯；寬以待人，便是以寬厚容讓、和氣大度的態度與人相處。

中山國是戰國時代的小國，有一回，國君設宴款待國內名士，卻沒有準備足夠的羹湯，無法讓全場的人都喝到。司馬子期因為沒喝到羹湯懷恨在心，便為此投奔楚國，用計勸楚王攻打中山國。楚國相當強大，中山國自然不是對手，輕而易舉被攻破。

國君狼狽地奔逃，卻驚訝地發現有兩名武士拿著武器一路保護他。他問這兩個人為何前來，他們答道：「我們的父親曾因您賜他食物而免於餓死，因此去世前特地叮囑，要竭盡全力來報答您。」

中山君聽罷，感歎地說：「賜與不在多少，而在他人是否需要；結怨不在深淺，在於是否傷了別人的心。我因一杯羹而亡國，卻又因一份食物得到兩位勇士。」

這則典故，清楚點出了自尊的重要。

現在的人，越來越強調個性，好勝心極強，常常非要把事情做「絕」，表現出自己的正確或勝利才罷手。如此，或許滿足了虛榮，卻免不了傷及感情。

其實在一些小事小節上，你大可讓朋友「贏」一把，維護友人的自尊，順便爲自己博得更多好感。

要想維護他人的自尊心，首先必須先抑制自己的好勝心。越是想要出鋒頭，就越可能讓自己陷入險境，招致禍害。

有一個人相當擅長下棋，因此打算找朋友對弈以聯絡感情。

棋局開始，他一上手就是一輪猛攻，讓朋友瞻前顧不了後，十分狼狽且緊張。他還不以為滿足，故意露出破綻，引朋友進攻，他再緊接著使出殺手，還得意地大笑，直說對方太容易被騙。

此後，他每回再與這個朋友連絡，對方總擺出愛理不理的模樣，更不肯與他下棋，他卻始終不明白原因。

想想，這個人究竟做錯了什麼？

本來應該是一場輕鬆、愉快的友誼賽，卻搞得緊張不堪，贏了棋卻失去了友誼，實在划不來。由此可見，要交朋友，就要寬心待人，並抑制自己的好勝心。沒有尊重就沒有友誼，好像沒有基石便不可能築起大廈。

那麼，尊重該從何開始？經驗證明，只有在自尊自愛的基礎上才能誕生。以自尊自愛爲基礎，自然也就懂得尊重自己以外的其他人，尤其在出現無可避免的意見分歧時。友情的眞正可貴之處，在於既能夠尊重對方，取得共識，也不傷害各自的獨創性。

罵人不必帶髒字

有時候，我們也會痛恨阿諛奉承，但是，我們只不過是痛恨別人阿諛奉承的模樣而已。

——拉羅什富科

徹底發揮三寸不爛之舌的威力

千萬別小看了動之以情的「慫恿」效果，只要持之不懈，便有可能轉移對方已經做好的決定，成功達到自己的目的。

請託人辦事要有耐心，因爲許多事情並不像想像中那樣容易應付與操作。

有時候，你拜託他人爲自己辦一件事，對方雖有能力，卻可能遲遲不肯答應。造成這種狀況的可能有很多，因爲任何人都可能有自己的考量與苦衷。

如果你當下便馬上放棄，那自然不會再有希望，但你若能持之以恆，以耐心周旋，便可能得到「柳暗花明又一村」的收穫。

某建築工地急需六十噸瀝青，採購員受命，立刻火速尋找貨源。偏偏當地的瀝青全部被同一家工廠壟斷，對方態度相當冷淡，推說現在供貨吃緊，至少得等到兩個月之後才能提供所需的量。

採購員一聽非常著急，工程進行到一半，怎麼能夠擱置兩個月呢？而當他從其他人口中得知其實這家工廠仍有大量存貨，只是因為自己平常沒「進貢」，忘了要打好關係，才不願意幫忙時，更是又急又怒，氣得不知該怎麼辦才好。

但這位採購員畢竟是聰明人，懂得控制自己的感情，認真思索真正能解決問題的辦法。

他想想，自己手頭一無餘錢二無長物，要「進貢」是不可能的，但至少有足夠力量死皮賴臉地遊說對方的廠長。

從第二天起，他天天前往那家工廠的廠長辦公室，耐心地懇求訴說。廠長感到煩，板起臉孔不願意理睬，他也不在意，就坐在一旁靜靜等待下一個開口的機會，且始終面帶微笑、彬彬有禮、心平氣和、風度絕佳。

終於，「捱」到第五天，廠長再也受不住，忍不住說道：「唉，算我服了你，就幫你這一次吧！那批瀝青，明天就可以送到。」

在這個事例中，採購員先探明了自己遭到拒絕的原因，進而從這一點發揮，擺出低姿態，好聲好氣地請求，最終「磨」得對方不得不答應他的要求，屈服於一連串「纏人」攻勢之下。

二十世紀八〇年代初期，中國大陸進行了著名的「引灤入津」工程，計劃引灤河的水解決天津民生用水問題。但才進行不久，就因為炸藥量不足而面臨必須停工、延期的困境。

領導人對此心急如焚，指派李連長驅車前往東北某化工廠求援。

李連長晝夜兼程千餘里，在最快時間趕到那家工廠，卻沒料到要求提出後，只得到一句冷冷回應：「現在沒有貨。」

對於這樣的結果，他當然不能接受，只得找上廠長，決定無論如何都要設法說服對方。

廠長接見了他，表明自己不是不願意做這筆生意，但現在確實拿不出貨品，勸他另想辦法。

李連長並不灰心，坐在廠長辦公室，看著面前的一杯熱茶，忽然靈機一動，想到一個新話題：「這水真甜啊！可是您知道嗎？天津人喝的是從海河裡、窪洞中集來的水，不用放茶葉就是黃的，還帶苦味呢！」

說到這，一眼瞥見廠長戴的正是天津產的手錶，話鋒一轉又接著說：「您也戴天津錶？聽說現在全國每十只錶中就有一只是來自天津，每四個人裡就有一個用的是天津的鹽。您是行家，一定懂得水與工業的密切關係，真是為了解燃眉之急啊！沒有炸藥，工程就得延期，所有行業都要受到影響……」

李連長說得很誠懇，使得廠長不知不覺受到影響，打開話匣子與他聊起來：「你是天津人？」

「不，我是河南人。只是看了天津市民的困難感到不忍心，實在希望他們能有乾淨的灤河水可以用，所以……」

當晚，廠長發下命令，全體員工加班三天，趕製炸藥。三天後，李連長帶著滿滿一車炸藥，順利返回。

人是感情的動物，所以無論意志再怎麼堅定，都有可能被動搖。千萬別小看了動之以情的「慫恿」效果，只要持之不懈，便有可能轉移對方已經做好的決定，成功達到自己的目的。

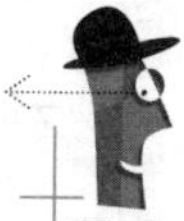

罵人不必帶髒字

接受傻瓜的奉承，無疑是對自己聲名的玷污，他們唾沫四濺，絕非是為了幫你洗臉。

——楊格

微笑比發怒更能達到功效

千萬別輕忽了微笑的力量，不僅能化解紛爭，更能幫助自己達到目的。「沒有笑臉莫開店」，這是所有出色經商者都同意的經驗之談。

遇到自己看不慣的事情，很多人都會疾言厲色痛罵對方，不過，這不是最好的做法。說話一定得看場合、看時機，權衡自己說出這些話後的利弊。如果說話不看場合，不講究方法，也不考慮結果，往往會衍生更多麻煩。

「伸手不打笑臉人」，縱橫商場，微笑比冰冷的臉龐更有用，可以讓你更方便更輕鬆地完成艱鉅任務。

華宇服裝加工廠與羽裳時裝公司簽訂了一份加工承攬合約，按規定，由華宇服裝加工廠為羽裳時裝公司加工製作兩千五百件真絲襯衣，於四月底交貨，衣料，樣品及尺寸等由訂做方提供。每件襯衣的加工費為二十元人民幣，總金額共計五萬元人民幣。最後，訂做方應於四月三十日提取訂做物，同時付清所有加工費。

簽訂合約後，華宇服裝加工廠上下一致趕工，到了四月二十二日，就完成了所有工作。但很快的，約定的提貨和付款期限過去，羽裳時裝公司卻始終未前來辦理提貨和付款手續。同年五月中旬，華宇服裝加工廠正式派人前往羽裳時裝公司催討債款，但全都無功而返。

狀況演變至此，究竟是怎麼一回事呢？

原來，羽裳時裝公司原是一家小時裝店，楊姓經理接手後，苦心經營，幾年來發展很快，已經成為擁有十五家分店的時裝公司。

乍看相當風光，但也由於發展過快，累積下不少欠款，每天一開門，公司就擠進成群討債的人，楊經理只好以各種理由不斷搪塞推託。

華宇服裝加工廠得知這個情況，自然相當生氣，也很擔心討不回欠款。高層幾番衡量後，決定不像其他廠商那樣撕破臉，而以「笑裡藏刀」的方式下手，並指派公關部的黃組長著手處理。

黃組長決定直接深入「虎穴」，跟楊經理約定時間，某日晚間親自登門拜訪。

那晚，黃組長依約來到楊經理家中。兩人初次見面，楊經理自知欠有大筆款項，心中不安，場面十分尷尬。黃組長見狀，為了拉近彼此距離，便開始與對方大談從事服裝製造業的一些心得與趣事。

談著談著，楊經理發現兩人對服裝設計的觀點十分相近，頓生知音之感，拿出自己得意的設計，讓黃組長評價。黃組長一見，馬上指出其中的優點，並大為讚賞，直說是不得了的佳作，捧得楊經理得意非常。

在黃組長三寸不爛之舌的吹捧下，楊經理只覺「生我者父母，知我者黃組長也」，大為驚喜感動。

黃組長見時機已到，話鋒一轉，含蓄地表示最近廠裡的經濟狀況遇上了困境，希望楊經理予以體諒。楊經理一聽此言，二話不說，立即簽下五萬元的支票交給黃組長。

就這樣，華宇服裝加工廠討回了欠款，成功解決難題。

從上述例子可以知道，微笑往往比疾言厲色的發怒更有成效。

以微笑爲煙幕，降低對方的戒心，最終成功討回債務。應用「笑裡藏刀」的委婉手法，常常可以在各種場合看到。

千萬別輕忽了微笑的力量，不僅能化解紛爭，更能幫助自己達到目的。

「沒有笑臉莫開店」，這是所有出色經商者都同意的經驗之談。無論在哪一個領域，微笑都是足以折服敵人、攻克難關的大絕招。

罵人不必帶髒字

千萬不要嚴酷得使部屬對你恐懼、憎惡，但是也不要溫馴得使部屬對你蔑視、輕慢。

——哈羅德·孔茨

PART 10

用冷靜的態度面對他人的意見

大部分的人對來自他人的建言，常常聽而不聞。總要到了雙腳已經踏空，才能恍然大悟。

太過鐵齒，只會換得悽慘的下場

即便我們沒有特異功能，也不能夠未卜先知，可是有些光猜就能猜到的事，還是不要「鐵齒」地賭它不會發生吧！

奧地利作家茨威格曾說：「頭腦和心靈最忌空虛，一空虛就會盲目，就會看不見危險，做出種種讓人訝異不已的荒唐事情。」

從現實層面來說，頭腦和心靈空虛的兩大特徵是：見到誘惑就口水直流，見到美眉就忘了自己是誰。

在宴會上，哈比多喝了幾杯，有些醉了，於是大起膽子，開始和彈鋼琴的性感女郎調情。

這時，他的妻子走了過來，並對他說：「回家後，別忘了提醒我為你青腫的眼睛準備些藥膏。」

「可是，我的眼睛並沒有青腫啊？」哈比不解地問。

「我們不是還沒到家嗎？」妻子冷笑著說。

相信很多人都有這樣的經驗：很少帶違禁品去學校的你，應同學之請，把心愛的漫畫書帶去學校，結果剛好那天老師檢查書包；一向都還算守交通規則的你，爲了趕時間，心存僥倖地闖了一個紅燈，就剛好有位警察伯伯等在那裡；平常做事循規蹈矩的你，有一天心煩氣躁，「不小心」偷溜出去喝了一杯咖啡，剛好老闆進辦公室來查勤……

早知如此，我就不那樣做了！後悔不迭的你，一定在心裡千百遍地如此呼喊。可是，世間的事情就是那麼巧，如果你這麼怕被逮，最好的辦法就是：一開始就不要那麼做！

就好像明知道這堂課老師很愛點名，還敢翹課不上的人，該說他是有勇氣敢賭呢？還是個單純的傻瓜？

恐怕是二者都有，而以後者的成分居多吧！

笑話裡的哈比豈會不知道在老婆面前跟性感美女眉來眼去，會有很糟糕的下場？結果他還是做了，就算我們不是「鐵卜神算」，也能猜到他回家後必定會被老婆教訓一頓，這只不過是「常理之必然」罷了。

即便我們沒有特異功能，也不能夠未卜先知，可是有些光猜就能猜到的事，還是不要「鐵齒」地賭它不會發生吧！

罵人不必帶髒字

最懂得說話藝術的人，往往會讓語言和肢體動作聯合起來，一起混淆你的理解能力。

——比爾斯

用冷靜的態度面對他人的意見

大部分的人對來自他人的建言，常常聽而不聞。總要到了雙腳已經踏空，才能恍然大悟。

俄國諷刺作家克雷洛夫提醒我們：「不管面對什麼形式的批評，最好先弄清楚對方的意思，然後以機智幽默的方式回應。」

現實生活隨時都會發生意想不到的事情，出糗、難堪是每個人都會遭遇的人生考驗。面對批評，你該做的是抱持著幽默的心情，用冷靜的態度面對，有道理的虛心接受，沒道理的一笑置之。

一個人喝醉了，決定去「冰上垂釣」。

他從車裡拿出鑿子與釣竿，選了一個自認為很適當的地方。

當他開始要鑿開冰層的時候，突然一陣雄壯的聲音從空中傳來：「喂，這冰塊下面沒有魚！」

他抬起頭，可是沒看到任何人影，於是搖搖頭，又繼續要鑿。

此時，那個聲音又從空中傳來：「我剛剛說過了，這下面沒有魚。」

醉漢又東看西看，還是看不到人。

當他又一次拿起鑿子，那個憤怒的聲音又出現了：「我已經說了三次了，你聽不懂國語嗎？這裡沒有魚！」

醉漢聽了全身發抖，隨即望向空中，充滿敬畏地問道：「請問你是上帝，還是什麼神明？」

「不，我是這家冰上曲棍球場的經理！」

當一個人倒行逆施、行差踏錯的時候，其實不用上帝或天神，每個人都能告訴他：「你錯了！」

原因很簡單，因爲那個人身在局中，而別人卻能冷靜地從局外人的角度看見他的所做所爲；他的眼睛可能被激情、愚昧、利益……蒙住了，對自己的行爲沒辦法做出正確的判斷。

這個時候，如果身邊沒有能向他說實話的人，那就實在太危險了。就像一匹蒙上眼睛往懸崖狂奔的馬，若沒有人願意勒住牠，就只能墜入深淵了。

可是，大部分的人對來自他人的建言，卻常常聽而不聞。

「忠言逆耳」是自古至今不變的箴語。

每個人都會覺得「你又不了解我」、「你又不明白」、「我不是你想像的那樣」、「事情才不會像你說的這個樣子」……因而拒絕相信、拒絕傾聽、拒絕他人的幫助；卻沒有想到，當一個人身在局中的時候，理智所能發揮的效用有限。因此，面對他人的意見，要用冷靜的態度評估，才不會到了錯誤鑄成後，才懊惱地說：要是當初聽×××的話就好了！

樂觀處世，就能開心過日子

> 即使前方看來已經沒有可走的路，只要把心態調整好，又有什麼樣的旅程能教我們灰心喪志呢？

生活中充滿了許許多多的選擇，如何選擇便構成了我們的人生。

不論什麼事，都有光亮的一面與黑暗的一面，我們的選擇其實很簡單：你是挑亮的那面看？還是挑暗的那面看？

看到光明面的人是幸福的，雖然他們知道黑暗面的存在，但還是願意選擇用樂觀的角度去接納、面對。

有個人到醫院去檢查，做了許多測試。

醫生說：「有好消息也有壞消息，你要先聽哪一個？」

這人便說：「那我先聽壞消息好了。」

醫生說：「是這樣的，看過你的測試結果後，我發現你有潛在的同性戀傾向，而且難以根治！」

這個人說：「我的天啊！那好消息呢？」

醫生靦腆地說：「那就是……我發現你還蠻可愛的耶……」

其實，身爲同性戀又怎麼樣呢？同志們可不是個個都像〈斷背山〉裡的主角那麼淒苦的，更何況這部片還拿了奧斯卡。重要的是，只要賣相好，不管你是同志還是異性戀，也是到處吃香呀！

作家古華曾經說：「生活像是一條河，一條流著歡樂也流著痛苦的河，一條充滿凶險又興味無窮的河。」

如果我們的人生長河有著與別人不同的路線和風景，那是不是表示我們就非得自憐自傷、非得憤世嫉俗不可？

答案當然是否定的，我們反倒應該懂得去欣賞一路上那些難得的景色，即使身在激流、危險當中，即使前方看來已經沒有可走的路，只要把心態調整好，又有什麼樣的旅程能教我們灰心喪志呢？

樂觀處世就能開心過日子，如果凡事都可以往好的方面想，你就會發現，這個世界是如此地開闊並充滿希望！

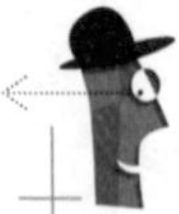

罵人不必帶髒字

狡猾是短視近利，只看得清鼻子底下，而看不清遠方，因而時常使自己掉入別人所設的陷阱裡。

——岡察洛夫

找答案不如先找解決方法

一件事情當中存在著許多面向，答案從來都不是最重要，重要的是我們在尋找答案的過程中，是否用對了方法。

遇上問題，大多數人都只想著答案爲何，卻不知道積極思考解決方法，因而讓事情越來越複雜，越搞越麻煩。

事實上，想得到答案不難，但能不能把問題解決又是另一回事，正因如此，聰明的人會想辦法讓結果走向自己希望的答案。

有位農夫在城郊附近買下一塊廉價的土地，為了能早日看見收成，簽約後，便馬上開著耕耘機到田裡工作。

然而，翻土的時候，卻從地底裡翻出了一顆門牙。

「怎麼會有牙？真倒楣！」對某些東西有些忌諱的他忍不住停下來，嘟噥了一句，然後才繼續向前。

前進一百公尺後，竟又讓他挖出了一顆牙齒。

「這真是莫名其妙！」農夫越來越覺得困惑，他再次遲疑了一下，接著安慰自己說：「也許是巧合。」

但是，當他再向前走大約三十公尺後，犁頭第三次從土裡翻出一顆牙。

「不對，不對！這其中肯定有問題。」農夫越想越不對勁，氣憤地吼叫起來，立即把車子開回家，並打電話要原來的地主說個分明。

電話中，他語氣極差地說：「這塊地是不是墳地？如果是，我要求您把錢立即還給我！我一點也不喜歡在鬼魂出沒的土地上工作生活！」

地主回答說：「先生，別生氣，也別擔心，事實上那裡原來是個足球場！」

這幽默的故事，引出了一個極重要的思維，那便是人們常犯的離題情況。

這地方原先是不是墳地，問問當地人便可得到最正確可靠的答案，但農夫並未這麼做，而是直接找地主要答案，我們都知道老王賣瓜、自賣自誇的道理，又怎能找到眞相呢？

至於地主，以低價隨便賣出，或許以爲用最快速度脫手就好，然而存在的事實始終存在，問題終有一天要被發現。

從兩位主角處理事情的方式，我們可以得到不少啓發，一件事情當中存在著許多面向，答案從來都不是最重要，重要的是我們在尋找答案的過程中，是否用對了方法。

其實，是足球場或墳場一點也不重要，重要的是這塊土地是否肥沃，又能否種出甜美豐碩的作物，不是嗎？

面對問題，別再離題了。不妨以幽默心態看待，是墳場也好，是足球場也好，重要的是，只要能努力耕耘，終能爲自己換得一塊良田。

謙虛面對己過最讓人敬重

學會面對己過，學會承擔責任，一點也不難，更不會因此而折損我們的威嚴或自信。

看看世上那些偉大的人，從未汲營於自己的名和利，卻能得到人們長久的尊敬肯定，方法無他，正在於他們不只懂得謙卑低頭努力付出，更懂得謙虛表示自己的不足處。

此外，犯錯後，他們比我們更勇於面對，因爲深切知曉，唯有先看見自己過錯，才能更見未來的進步與人生的坦蕩。

截稿日在即，伯拉教授正忙著完成一篇學術報告。

「親愛的，我的筆放到哪兒去了？」他忽然著急地問道。

妻子冷冷地回答：「親愛的，它現在不是正夾在你的耳朵上嗎？」

「耳朵？你沒看見我快忙死了嗎？妳能不能說得具體一點，筆究竟夾在哪一隻耳朵上啊？」教授再次著急地問。

妻子一聽，勃然大怒：「難道你的耳朵沒有感覺？」

看了這段小故事，想必引起女人不少同情，想想遇上這樣不可理喻的男人，還是一輩子的伴侶，誰忍受得了？

聰明的人都知道，把自己的責任往外推，不懂得負責，我們便難自在行走於人生旅途。下面這則故事，在幽默回應中隱含引人深刻省思的道理。

有位老紳士悠閒地駕車在路上兜風，但好心情並未維持太久，由於他誤闖單行道，很快地便被交通警察阻攔下來。

老紳士的車被警車圍住，逼得他不得不把速度降低，直到車子停下來。

交通警察上前問他：「知道我為什麼攔住你嗎？」

「那還用說，我是你唯一能追得上的車呀！」老紳士不滿地回答。

莞爾一笑後，將故事中老紳士的反應對照現實，想想那些經常犯錯的人，不是很像嗎？當遇上自找的意外災禍時，面對悲傷的結果，往往只想著別人的缺失，卻不思己過，反讓自己更陷困厄中。

許多人在面對自己的問題時，都會像老教授一樣，總是習慣責怪別人，卻不檢討自己，明明是自己的疏失，偏偏要把別人也拖下來負責。

學會面對己過，學會承擔責任，一點也不難，更不會因此而折損我們的威嚴或自信。事實上，懂得承擔己責，面對錯誤懂得反省的人，必然能得人們更加的敬重與肯定。

思考簡化，自然減少情緒化

情緒的主控權就在我們手中，無論別人有多少複雜的想法，只要能以簡單心思回應，那麼花招再多也難敵我們的冷靜。

在這個紛紛擾擾的時代，人與人之間充滿著爭執、衝突、競爭、交戰，許多無謂的爭執衝突，都是溝通不良引起的！

想要改善這種方式，就要將自己的複雜的心思簡化，試著用幽默詼諧當作彼此互動的潤滑劑。

哈比的狗第一次在大賽中奪冠，鄰居上前向他道賀：「恭喜恭喜，你終於拿到了第一名。」

哈比一聽，糾正他說：「不對，是我的狗得到第一名啦！」

鄰居發現說錯話了，連忙道歉說：「對不起，對不起，不知道這次您的狗兒得多少獎金啊？」

鄰居還以為這次問話不會有任何問題了，沒想到哈比卻極其不悅地回答：「先生！是我得到那筆獎金！」

是狗拿到第一名，是人獲得那筆獎金，哈比的強調想必讓不少人感到困惑。名歸狗，利歸人，聽起來似乎還蠻合乎名利均分的公平原則，但如此刻意的分別卻有些滑稽可笑。

好像下面這則故事的情況一樣，總是有人喜歡把狀況複雜化，讓原本簡單易解的問題變得困難重重。

在擁擠的公車內，有個中年男子拍了拍另一個年輕男子的肩膀，然後低聲地說：「你是克氏成員嗎？」

年輕男子搖了搖頭說：「不是。」

「那麼，請問你家裡有任何人是克氏的成員嗎？」中年男子又問。

年輕男子依然搖搖頭說：「沒有。」

「那你的鄰居呢？」中年男子不放棄，繼續追問。

「他們一個也不是！」年輕男子有些不悅地回答。

「好，那你的朋友或熟人呢？」中年男子似乎沒發現對方已經十分不耐煩的臉色，仍然繼續發問。

「先生，所有我認識的人，沒有任何一個是克氏成員，好嗎？」年輕男子斬釘截鐵地說。

「這樣嗎？那能不能請你別再踩我的腳了？」中年男子平靜地說。

這男子就和哈比一樣，面對問題時，很不懂得抓重點。

試想，如果年輕男子眞是他口中的克氏成員又如何？因此就可以找到立場不同的理由，和他爭執對抗一番？又或是因此而自認倒楣算了，繼續允許對方「踩腳」？

回顧第一則故事，名利該屬於誰並不重要，重要的是名利可齊享，大可不必分得那樣清楚，那不過更顯出一個人的小器。

第二則故事裡，是哪一派的成員也不必知道，被對方踩到腳，無論是有心還是無意，簡單看待，就把它視爲一個「不小心」，然後客氣地請他移開就好，實在沒必要再試圖尋找一個衝突點，讓彼此更添不必要的情緒對立。

好比現實生活中的青年鬥毆，多少人不過是一個眨眼，就被人視爲「有心」挑釁的動作，引發莫名的風波與爭執。仔細想想，如此待人，最終損失最大的，還不是自己？

不要老怪別人來招惹，情緒的主控權就在我們手中，無論別人是否有所圖謀，或有多少複雜的想法，即使原本有心計較，只要能以簡單的心思回應，那麼對方花招再多也難敵我們的冷靜。只要能理性應對、幽默看待，堅持不與人爭執，他們也難挑起爭鬥的情緒。

不愉快只存在轉眼間，仔細想想，事過境遷之後，許多事便根本不復記憶了，不是嗎？

給自己一個「優質」人生

聰明如你，想必此刻正認真省思著，自己的人生是只需及格分數，還是積極地想得一個「優」？

人生有很多選擇題，但這，些題目卻沒有公式可套，也沒有標準答案，雖然每個人可以選擇的答案都不同，但必須用更豁達的心胸面對。

你爲什麼而活，你用什麼角度看待你的人生，只要先認清你的生命態度，那麼再顛簸的路，也會因爲你清楚自己的人生路而鋪平。

生活好壞常常由態度決定，人生際遇也經常隨態度轉換變化，若思維能鎖定於正向，你我的腳步自然會走向正面積極的目標。

要是思考常陷入悲觀灰暗，心靈自然會悄悄引著我們，走向悲慘人生。

有位就讀於二年級的大學生，寫了一份〈論莎士比亞創作〉的報告，教授給了他一個「優」。作業發回不久，教授便要求這位學生到辦公室與他談談。

學生立即前往，教授一看見他，便說：「你大概不知道，我也是畢業於這所大學，也是住在你現在住的那間宿舍。而且，我們還保存了以前校友的考核作業，目的就是想在需要的時候便利地翻閱參考，我相信你都曉得。」

「我應該說，你很幸運，因為你一字不差地抄襲了我過去所寫的一份關於莎士比亞的報告。」

教授說到這兒，只見學生滿臉驚恐地看著他。

「當然，你一定會感到吃驚，也非常好奇我為什麼會給你『優』。孩子，那是因為當年我那保守的教授只給我『及格』兩個字，但我總覺得自己應當拿到『優』的。」

古羅馬思想家西塞羅曾說：「玩笑和幽默不僅會讓人開懷大笑，而且還經常發揮妙用。」

這個世界會這麼讓人感到苦惱，很多時候是因為人際互動之時產生摩擦。面對衝突、質疑、批評或對立，與其讓負面情緒綁架自己，激烈爭論、惡言相向，甚至忍不住要教訓對方一番，倒不如要求自己控制情緒，用理性而輕鬆的態度因應。

好的老師不只能給學生好的指導方向，更懂得保全學生的尊嚴。就好像故事中的那位教授，明知道學生犯錯，但他並未直指其過，反而是以更寬容、幽默的方式來糾正錯誤，讓對方明白好壞之間，其實相當主觀，而對與錯的差異，也只在一個小小的念頭轉換。

下面還有一段有趣的師生對話，從中我們更可以理解一個道理：好的教育技巧，能帶動學生們的創意。

某間學校的學生們特別喜歡音樂課，因為任教的音樂老師非常幽默風趣。

有一次考試時，他出了這樣一道題目：「巴哈有二十個孩子，因此他一生中把大部分時間花在『　　』上面。」

老師留下空格，要學生們填寫正確的答案。

調皮大膽的學生，紛紛寫下「床上」的答案，有些學生則比較嚴肅，回答是「德國」，當然大多數的人都認為是「作曲」。

但是，最終卻沒有一個人答出正確答案，於是學生們著急地詢問老師，正確答案是什麼。老師笑著回答：「還債。」

聽聞前述問題時，你心中出現的是什麼樣的答案？

無論你的答案是什麼，都必定是個好答案。人生許多課題沒有絕對的錯與對，一如第一則故事；而透過第二則故事的引導，則讓我們更加明白，每個人都會有出錯的時候。錯誤本身是很單純的一件事，更重要的是我們的自省能力高低，是否懂得從中反省，進而引領自己走向正確的道路。

故事極為簡單，但寓意省思由人，想得深刻，我們便得深刻啓發，若只懂輕輕帶過，得到的當然不會多。聰明如你，想必此刻正認眞省思著，自己的人生是只需及格分數，還是積極地想得一個「優」？

真心誠意，勝過任何大禮

想與人相交，請記得打開心胸，只要認真待人，那麼動作不必太多，更無須花大錢，同樣能得一顆又一顆的真情真心。

美國作家愛默生曾經寫道：「人生是一輛永無終點的火車，當你買票上車後，難說你會遇見什麼旅伴，但是，用什麼方式將旅伴吸引到你身邊，卻是你可以掌握和決定。」

的確，如果想把朋友吸到你身邊，最好的方法就是用恰當的方式，展現出自己的眞心誠意。

年輕的新娘正在整理剛收到的結婚禮物，其中有一件禮物讓她感到十分困擾，竟然是三把雨傘。

這麼一來，再加上新娘家中原有的雨傘，已超出一家人的需要了。因為用不到那麼多雨傘，她只好將其中一把拿到禮品店，想更換其他適用的東西。然而，當她向店員說明更換理由後，店員卻告訴她：「對不起，這把傘不是在本店買的。」

新娘子不解地問：「怎麼不是你們店裡的呢？你看，傘架上還貼有你們的店名與地址的標籤啊！」

「那上面的店名地址確實是這裡，不過很抱歉，這只能表示一件事，便是這把傘曾經在我們這兒修理。您沒看見我們店門口掛的牌子嗎？上面清清楚楚寫著『本店專修雨傘』的告示，不是嗎？」店員很清楚地解釋。

新娘子連忙走到屋外，一看果然是雨傘維修站，回家後她又看了看另外兩把雨傘，發現上面也同樣貼著這家店的廣告標籤。

朋友準備的結婚賀禮竟是二手貨，不只如此，那件「禮物」還是他們原本準備丟棄的東西。

資源回收再利用，本來是件好事，可是準備禮物的人是否真心誠意卻又是另一件事。看似微不足道的小禮物，卻充分呈現親友對新婚夫妻祝福的心思，究竟是真心還是假意。

不妨藉著這個故事反省自己，當我們祝福道賀別人時，心中是否也時常劃分著親疏遠近，準備禮物時是否也有過類似的應付心態？

仔細想一想，然後再藉著羅爾德先生的動作延伸思考。

這天早上，羅爾德先生急匆匆地對傭人說：「史密斯，快點把望遠鏡拿來，我要去參加一場葬禮。」

「先生，為什麼要帶望遠鏡呢？」傭人不解地問。

「因為，死者是我的一個遠房親戚啊！」羅爾德說。

如此虛假地表現情意，相信亡者並不會感到安慰吧！一如新娘收到的舊雨傘，接收到如此敷衍了事的「祝福」，再好的心情也會變壞。

如果是另有隱情，無法送出體面的禮物，坦誠說出，一定能獲得諒解。然後給對方一個眞心且眞情的祝福擁抱，相信會比那三把應付交差的二手雨傘更讓人感動且益加珍貴。

再將祝福道賀的事放大來看，現代社會的人際關係，人事之間的交流總習慣用物質來換取或拉攏人心，卻鮮少有人注意到，事物雖然好準備，但情意眞假卻不難看透啊！

如果我們待人處世是虛情假意的，人們也會感受到其中的虛偽，再好的珍品也會因此失色，變得一文不值。

想與人相交，請記得打開心胸，只要認眞待人，那麼動作不必太多，更無須花大錢，同樣能得一顆又一顆的眞情眞心。

放下成見，就不會胡亂替人貼標籤

人隨時會變，世界也隨時在變，與其相信你先前所見的，不如放下成見，隨時去看一看更廣大的世界。

人們容易隨便給人貼上標籤，諸如是種族、性別、年齡、長相……等，然後據此斷定他們的行爲模式；什麼人會做什麼事，在這些人心目中好像已經是理所當然的事。

然而，事實往往會向你證明，世界上沒有這麼簡單的事。

這是一個有關笑話的笑話。

據說，如果你講個笑話給英國人聽，他通常會笑三次。你講給他聽時他笑一次，因為那是禮貌；等到你解釋那個笑話給他聽時，他會笑第二次，那也是出於禮貌。最後，他會在三更半夜醒來笑第三次，因為他反覆想了很久，終於弄懂這個笑話的意思。

如果你把同樣的一個笑話講給德國人聽，他通常會笑兩次。你講的時候他笑一次，和英國人一樣，是基於禮貌；你解釋那個笑話時，他會笑第二次，那也是因為禮貌。他不會再笑第三次，因為他永遠無法弄懂這個笑話的意思。

你把同一個笑話講給美國人聽，他只會笑一次。你一講他就笑了，因為他一聽就馬上懂。可是，當你把這個笑話講給猶太人聽，他連一次都不會笑。他會訕訕地對你說：「那是老掉牙的笑話了，我聽過不下一百遍；還有，最精采的那個部分你講錯了。」

爲什麼同一個笑話，傳到不同的人耳朵裡，會有不同的反應呢？

因爲英國人拘謹，腦筋動得不快，卻十分願意下功夫去思考。

德國人一板一眼，毫無情趣，笑話對他們來說不具多少意義。

美國人是腦袋比較靈活的人，他們十分聰明，對任何事情一點就通。

猶太人最世故也最有頭腦，他們天生是背著歷史包袱的悲劇民族，記性特別好，容易學有所成。

這個笑話旨在說明各民族的大體習性，不可否認，民族之間的確有不同的思想方式、風俗習慣，但是，並非所有的美國人都狂放不羈，也不是所有的猶太人都精明吝嗇，世事沒有「一定是」，也沒有「絕對是」。你又何必用先入爲主的觀念，給身邊的人貼上標籤，因而失去進一步了解他人的機會呢？

希拉克里特斯曾說：「你不可能踏進同一條河兩次，當你再踏進去時，它已不是相同的河，因為河水總是在流動。」

人隨時會變，世界也隨時在變，與其相信你先前所見的，不如放下成見，隨時去看一看更廣大的世界。

PART 11

不要成為問題惡化的幫凶

很多時候自己就是促成問題惡化的幫兇，當他人對我們出聲否定時，應該想的不是人們的偏見與狹隘，而是要仔細想想並看清自己的不足。

內涵比外表更重要

外表只是彩妝，只能暫時掩飾皺紋；紮實的內涵才是真正功效顯著，可以徹底消除皺紋的保養品。

所謂「佛要金裝，人要衣裝」，說明了人需要外在事物的點綴，才能提昇別人對自己的評價。但是，外表不是一切，偏偏人們總是把外表當成一切，無論是自己的外表，或者是別人的外表。

以下的問答最能彰顯一般人這種膚淺的心態。

有個人問乞丐：「為什麼狗一看見你們就咬呢？」

乞丐嘆了口氣，無奈地說：「我這副德性，連狗也看不起，若哪天換穿了體面的衣服，還怕這畜牲不曉得敬重我嗎？」

說實話，一個衣衫襤褸的人和一個穿著體面的人，會不會因此讓人瞧不起或受到敬重，並沒有必然的關連，除非他遇到的是狗眼看人低的世俗庸人。

另外一個笑話是這麼說的，有一天一位農夫坐著公車到田裡工作，工作完後要回家的時候抓到了一隻烏龜，於是就把那隻烏龜帶回家。

當時，搭公車的人很多，農夫怕不小心會把烏龜擠死，於是想到一個好方法，把烏龜放進褲襠裡，然後將拉鍊拉上一半，好讓烏龜伸頭出來的時候可以透透氣。不久，烏龜把頭伸了出來，正好被站在旁邊的婦人看到。

那個婦人盯著烏龜直瞧，農夫發現這情形，便不悅地對她說：「看什麼看？妳沒有看過龜頭嗎？」

婦人回答說：「龜頭當然看過，可是從來沒看過長眼睛的。」

外表固然很重要，但是內涵更重要。外表可以給人一個好的印象，內在卻會給人一分長久的評價。

一個腹有詩書氣自華的人，即使掉進了泥坑也不掩其儒雅氣質；相反的，一個虛有其表的人，就算穿上了龍袍也不會像皇帝。

外表與內涵若只能選一種，還是多充實自己的內涵比較好。

畢竟，外表只是彩妝，只能暫時掩飾皺紋；紮實的內涵才是眞正功效顯著，可以徹底消除皺紋的保養品。

罵人不必帶髒字

我相信，雖然謊話可以用於一時，但是，從長遠看來，它必然是對我們有害的。

——狄德羅

把聰明機智用在正確的道路

若空有聰明機智卻不能用於正確的道路，總有一日會懊悔曾經走過的錯路。

現實社會中，有不少人自以爲很聰明，喜歡耍奸弄詐，殊不知在別人眼中，只不過是利慾薰心的大白癡。

人生在世，別爲一時的巧計應驗而開心，更不要因爲一時的成功投機而放心。別忘了，一切只存在於那一時一刻，世界仍繼續變動、轉變，投機者終會因爲踏得不實而跟不上變動，甚至失足跌落。

唯有眞心誠意、幽默包容的態度，才能讓我們踩著自信踏實的腳步前進，無論世界如何變動，始終都能以絕對的信心克服困境，繼續向前。

一位老闆在甄選公司未來的會計師時，出了一道最基本的問題，題目是：「兩百萬加兩百萬等於多少？」

前面兩個面試者都毫不猶豫地說：「四百萬。」

結果，這兩人都沒得到工作。

當商人詢問第三名面試者時，只見對方立即站起來，把門關上並拉上窗簾，然後靠在桌邊，小聲地問老闆：「你希望它等於多少？」

商人聽了，微笑地點點頭，最後便由這位聰明的仁兄拿到工作機會。

要說面試者聰明，還是機巧呢？

不同的角度得出不同的結論，畢竟在商言商，爲得工作機會，總是需要用一點巧智爭取，然而這是否爲正確的經商之道，有著極大的省思與爭議空間。

以下還有一則相似的幽默故事，一笑之餘，或許可供我們串連，深省經商處世的道理。

這天，藝廊主人正在招考新進員工，問眼前求職者的第一個問題是：「你有工作經驗嗎？」

「有。」求職者老實回答。

「那麼，如果我們不小心打碎了一個非常貴重的花瓶，你會怎麼處理？」藝廊主人問。

求職者想了片刻，然後回答：「我會把碎片重新黏好，然後耐心等待一位有錢的顧客光臨，跟著，我把它放在一個恰當的地方，以便……」

說到這裡，他停頓了一下，然後才小聲地說：「以便讓故事重演。」

老闆聽了，微笑點頭：「好，你明天開始上班吧！」

在商言商，一切以自身利益爲最終考量原本無可厚非，然而若失了誠信與正念，如此經營心態，恐怕存在著極大的隱憂。

此外，就求職者來說，以這種巧智爭得工作機會，從另一個角度來思考，其實並不見得是好事。

畢竟，一切以利爲重的老闆，想來對員工也不會用眞心對待。

這世界是很現實的，不能誠實對待事業的經營者，自然在待人處世上也不會付出眞心，在這樣的工作環境下，應當沒有多少人能夠眞正久待。

聰明機智的人當然比較受歡迎，也比呆板僵硬的人容易找到出路，但從另一個角度省思，生活處處都有良機，若空有聰明機智卻不能用於正確的道路，時光終將虛度，總有一日會懊悔曾經走過的錯路。

罵人不必帶髒字

要是一個人把開玩笑當成人生最重要的事，那麼，即使是最聰明優秀的行為，也會變得可笑。

——奧斯丁

不要成為問題惡化的幫凶

很多時候自己就是促成問題惡化的幫兇，當他人對我們出聲否定時，應該想的不是人們的偏見與狹隘，而是要仔細想想並看清自己的不足。

作家喬治・桑曾說：「瞋怒的心情，經常會使小過變成大禍，讓自己從有理變成無理。」

確實如此，心情好壞往往決定事情成敗，無論面對任何事情，必須牢記先將自己的心情處理妥當以後，再處理事情，千萬別讓心情影響自己所做的任何判斷或決定，才不會造成事後懊悔不已。

人生有很多尷尬、難堪的狀況必須面對，選擇沉默只會被認爲默認，支支吾吾講不清楚，也只會讓別人誤解你的意思。其實，遇到這些狀況，不必暴跳如雷，也

不必漲紅臉無言以對，你要做的是用幽默代替難過。

某教區的牧師生病了，因而教堂人員臨時從別處，請來一位以「話多」聞名的牧師暫時代替。誰知，這名牧師站上講壇時，卻發現場包括唱詩班的人在內，一共只來了十名聽講的信徒，不禁十分生氣。

事後，他對著教堂人員抱怨：「喂，今天怎麼這麼少人出席，難道你們事先沒有通知大家，說我要來這兒嗎？」

「沒有。」教堂人員說。

到底在搞什麼？牧師聽了這話更加生氣，怒氣沖沖地說：「我就知道，看你們幹了什麼好事！」

沒想到教堂人員旋即又客氣地道歉說：「對不起，我們真的不知道怎麼會『消息走漏』了。」

牧師聽了這個回答想必怨怒更甚，只是怒氣再大，也解決不了信徒抗拒的事實。

這時，牧師該檢討的不是「爲什麼信徒不聽講」，而是「爲什麼信徒不想聽」，他該做的是「自省」，然後才能全面性地找出問題的根源。

知道信徒不是因爲「消息未發」，而是「消息走漏」，所以不出席時，牧師便應該知道問題的重點，既然問題是出在自己身上，那麼他便該先「反求諸己」，然後才要求他人。

而且，人心藏不住，若是強迫出席，信徒的反應將更爲直接，那麼他將面對的尷尬難堪，恐怕會更加強烈。

人的問題絕對不會是只是「一個人」的問題，而是所有相關的人都應該檢討反省的課題，能夠如此，不只能使自己擁有良好的人際關係，還能因爲冷靜且理性的舉動，讓彼此擁有更好的互動交流。

這個觀念延伸至社會環境中，我們可以再引下面這段常見的對話反思。

法官：「為什麼你要欺騙那些相信你的人？」

被告：「因為，想欺騙那些不相信我的人，根本辦不到，法官先生。」

簡單的對話，一語道盡了人性的灰暗面。看看社會上那些層出不窮的詐騙案件，人們往往只知一面倒地怒責他人的欺騙，卻很少有人會認眞檢討自己爲什麼會一再受騙上當。

爲何有人總能躲過這些不必要的欺騙傷害，自己卻怎麼躲都躲不過，甚至還一再受騙上當？

問題不會是單方面的責任，很多時候自己就是促成問題惡化的幫兇，一如犯人引出的重點。正因爲人們選擇「上當」，所以讓他們有機可乘；正因爲人心貪婪，所以他們能成功地挑撥、誘惑；也因爲人們不能冷靜理性地處理事情，所以他們得以一再地引人跳入陷阱中。

凡事從自己開始吧，當他人對我們出聲否定時，應該想的不是人們的偏見與狹隘，而是要仔細想想並看清自己的不足。

當自己受騙上當時，首先要做的，不是斥責惡人惡行，而是要想一想，爲什麼自己不懂得機智應對、理性思辨，聰明地阻止壞事發生。

心富足便等於坐擁萬貫財富

世上沒有真正醜惡的東西，只有人心陰暗面帶出的醜貌，這正應驗了相由心生的道理。

心靈充實的人，明白財富與富貴氣勢的虛假，也很清楚謙虛待人最引人著迷。想坐擁萬貫財富嗎？只要心充實富足，自然能成最富有的人。

正被金錢困住的人，其實真正需要的不是利名，而是要尋求方法填滿心中的空虛，讓精神富足，心靈滿足。

在某個晚會上，有位貴婦正在誇耀自己的富有：「我經常用溫水清洗我的鑽石，用紅葡萄酒清洗我的紅寶石，用白蘭地清洗我的綠寶石，再用鮮乳清洗我的藍寶石。」

這時，坐在她身旁的老婦人說：「這麼麻煩啊！我從來都不清洗的。」

貴婦好奇地問：「不然妳會怎麼處理？」

「很簡單，只要它們稍微沾了灰塵，我就隨手扔掉啦！」老貴婦說。

聽見兩個人競爭誇耀家財，不知道帶給你什麼樣的感受想法？

從細心清洗到直接扔掉，顯示的不是貴婦們的傲人財富，而是她們心靈的貧瘠空乏啊！

以下，再舉一例。

有位貴婦優雅地走進一家帽子店，老闆見客人進門，連忙帶著微笑迎接：「早安，夫人。」

「早安！我想請問，櫥窗那兒有一頂鑲有紅花藍葉的帽子，不知道能不能請您把它取下來？」

老闆點頭說：「好的，夫人，我很樂意為您效勞。」

客人有所要求，當然要立即配合，如此才是經商之道。雖然不少女人很麻煩，總是要看了很多頂帽子之後才能決定，有些時候還不一定會買，讓老闆疲於應付，但他仍不忘自我安慰：「要有耐心，這頂帽子放在櫥窗那麼很久了，我今天一定要把它賣了才行！」

老闆拿著帽子，恭恭敬敬地送到貴婦的面前，然後問道：「夫人，您想把帽子放在盒子裡，還是戴著走呢？」

「買？我一點也不想買它啊！我只希望你能把那頂帽子從櫥窗裡拿下來。我每天經過你的商店，都會看見這頂醜陋的東西，看了實在很不舒服，所以想麻煩你把它拿走，放在我不會看見的地方。」

聽見貴婦很不客氣地要求老闆拿下帽子，不知道是讓你感覺荒唐滑稽，還是有些哭笑不得？

世上沒有眞正醜惡的東西，只有人心陰暗面帶出的醜貌，這正應驗了相由心生的道理。

我們觀人事美醜，從來關乎自己的心，觀人事美，是因爲我們心態美，觀人事醜，當然因爲自己正心現醜惡的觀想，更因爲不能以寬容慈愛的心看待所致。

所以，想時時刻刻看見美麗，別忘了讓心時刻保有美善，也讓心情隨時保持輕鬆愉快。

財富僅能存於一時，每個人心中應當存有的，當是謙卑踏實的心思。懂得這個道理，即使素顏出現，人們也會看見你我臉上掛著滿心富足的美麗容顏。

罵人不必帶髒字

寬恕自己的敵人，其實是很容易的一件事，假如你一時之間想不到什麼好辦法可以傷害他們的話。

——海涅

你的念頭決定你的生活

許多事都只是一個念頭轉動變化，希望有什麼樣的生活，便得讓自己朝什麼樣的思考方向。心思幽默，生活必定更快活。

心念轉動何方，便意味著未來我們得由那兒尋找收穫。

如果我們的心念朝著悲觀的方向，未來自然會得悲哀的結果，反之，往樂觀的方向前進，你我的未來世界便能得樂觀希望的結果。所以，我們應該時時保持警覺，更要多惕勵自己的心，朝向正念，進行樂觀思考。如此，最終定能得到圓滿豐收的好結果。

一名哲學系教授對學生們說：「一個傻瓜提出的問題，常常連十個聰明人也回答不出來。」

其中一位學生聽了，忍不住嘆氣：「唉！難怪我考試老是不及格。」

這名學生的反應，想必讓不少人莞爾一笑，回應當中不乏幽默嘲諷的寓意，只是到底是諷刺教授的思考邏輯，還是自我解嘲，恐怕得看聽者此刻心境爲何，各做不同解讀了。

這是一則充滿哲思的小對話，想分別聰明、傻瓜，還眞不容易說出答案，正如樂觀、悲觀之分，不過只是一個轉念。

教授問學生：「誰能說出樂觀主義者與悲觀主義者之間的區別？」

學生說：「我知道，當兩個人共飲一瓶酒，喝到只剩一半時，樂觀主義的人會說『還有半瓶』，悲觀主義的人則會說『半瓶完了』。」

酒倒一半，對你來說，是「還有半瓶」，還是「只剩半瓶」呢？生活中，許多事都只是一個念頭轉動變化，而得到的結果是好或壞，是否爲自身所預期或希望，端看抱持的念頭如何轉動，又轉向何方。

一如第二則故事中樂觀者、悲觀者的觀想態度，看似尋常的一念之差，實則深深地影響著未來。

由此延伸思考，你經常感到傷心難過嗎？你經常覺得這天地人事都對不起你嗎？或者，你總是感覺快樂開心，覺得能活在這個世界是件好事，滿心充滿著幸福感謝呢？

別問天地鬼神能給自己什麼，而要自問，我能給自己什麼？一如第二則故事中的宗旨，我們應當明白，思考轉動由人，希望有什麼樣的生活，便得讓自己朝什麼樣的思考方向。

心思幽默，生活必定更快活。

保持最真實的自己

不忘本我、不忘記真實感受的人，將不會有迷失的時候，因為無論世界如何變動，他始終保有最真實的自己。

作家艾迪曾經寫道：「有白天就會有黑夜，有快樂就會有痛苦。」

確實，在人生的過程中，如果我們不想讓自己的心情起起伏伏，首先就必須領悟，不論是快樂還是痛苦，都只是我們必經的過程，必須學會用同樣的心情來面對。

如此，才能保持最純眞的自己。

其實，每個人的內心都保有一個最眞實的自己，只是爲了應付這個複雜的世界，不得不把最眞的自己鎖在閣樓裡。

然而這樣困鎖住本性，最終必會讓人變得越來越不開心。

放輕鬆些，打開自己的心門吧！若不能遵照自己的本心前進，生活又有什麼樂趣可言？

自然老師正在為學生們講解各種昆蟲的特性，當他講到有一種小蟲子的壽命只有一天時，台下幾個孩子立刻開始竊竊私語。

老師見狀馬上點名：「巴爾，你想說什麼呢？能不能和同學們分享？」

「老師，我覺得那種小蟲很幸運！」小巴爾朗聲說。

「為什麼？」老師不解地問。

「因為牠的一生都在過生日啊！」小巴爾天真地說。

多可愛的童言童語，如果你是老師，會怎麼回答？

在想像自己的答案時，我們再來看看以下另一則可愛的故事。

今天是拉吉卡第一次上游泳課，游了一小時之後，小拉吉卡忽然說：「教練，我今天能不能練到這裡就好？」

教練不解地問：「為什麼？」

「因為我已經喝不下去了。」小拉吉卡神情痛苦道。

多妙的一個「喝不下」，在孩子的思考世界裡，只有一個眞字，他們坦誠地面對自己的感受，也坦誠的地對人們表達心中所想。

如此眞誠的心思，正是大人世界所缺乏的。

又像下面這則故事，當多數人只懂掩飾心中矯飾時，孩子們依舊天眞地表達本我心性。

上自然課時，老師問學生們：「誰知道蘋果在什麼時候採收最好？」

有個學生很快地舉手，回答：「我知道！我知道！在農場主人把狗鎖起來的時候最好。」

他一說畢，教室內立即響起哄堂大笑。

無論是對小昆蟲天天都能過生日的羨慕，還是坦白自已經喝不下池水，又或是誠實分享心中的取巧念頭，純眞童心都是成人世界僞作與矯情的對照。

很多時候，我們總是希望能得到聰明的答案，然而看似聰明的答案，往往存在著虛情假意的應付。

爲了能得到人們一時的掌聲，滿足虛華感受，有些人寧可放棄自己迎合他人，終至越來越迷失，失去個人獨特性。

一時的風光僅存在於一時，一旦放棄自己的本心，很快便會陷入可怕的困境中，漸至失去生命的方向。

想讓自己更幽默，學學孩子們的童眞純心吧！一個時時不忘本我、不忘記眞實感受的人，將不會有迷失的時候，因爲無論世界如何變動，他始終保有最眞實的自己。如此，他會懂得累積保有自我生命的獨特性，並時時刻刻以最眞實、幽默的面貌，贏得人們最誠心的掌聲與鼓勵。

活得開心比較重要

不要讓小事困住，生命轉瞬消失，唯有抱持正確的態度與生活習慣，才能真正的擁有美麗人生。

對你來說，是健康重要，還是名利比較重要？是生活得開心快樂重要，還是聽見他人的掌聲重要？

世間人常為了追求一些可有可無的事物，讓自己深陷原可避免的困境中，令人遺憾。聰明人都知道，名利不能長久，多數人聽後便忘，又何必為了這些東西困住自己？

有位長壽的醫學教授臨終時，對身邊的醫生朋友們說：「我想告訴你們，我心目中三位最偉大醫生的名字。」

在場的所有醫生聽了，無不期盼這三個名字之中，能有自己。只見這位老教授緩緩地說：「這三位偉大的醫生，正是水、運動，和正常的飲食。」

很棒的答案，不是嗎？

所謂的健康生命正是如此——水、運動和正常的飲食生活，少了這些元素，就算讓我們多得一分虛名，多得一點財富，也沒有任何意義。

凡事皆有正面意義，只要不偏取負面的方向，生活自然得見成功的掌聲，一如下面這則故事。

十九世紀後期，在美國眾多的遊樂場中，菲尼斯・泰勒・巴納姆經營得最為成功。巴納姆憑著天才般的想像力與活力，將遊客的注意力吸納過來。

有一回，巴納姆找來一頭大象在他的農場裡耕地，而一位也是農場主人的朋友，看了很不以為然，說：「大象所能承擔的工作，與餵養牠的費用相比，你不覺得很划不來嗎？」

「我覺得很划算。」巴納姆回答。

在巴納姆的認知裡，大象是最適宜從事農地工作的動物了，然而他的朋友卻堅持這是毫無意義的事。

由於兩個人各執己見，互不相讓，最後巴納姆的朋友氣呼呼地說：「好！今天我倒要瞧瞧，你那隻大象究竟能拉起什麼東西？」

巴納姆微笑道：「你還不懂嗎？牠能把兩千萬美國人的好奇心拉到我這個遊樂場來啊！」

好一個「好奇心」，以此串連起第一則故事的中心旨意，從中可以看見人們常見的愚癡。

大多數人都習慣以單一面向思考，常常固執不懂變通，習慣選取生活中最無關緊要的選項，然後一天又一天受困於無謂的困惑中。

無論是大象也好，或能否成爲偉大名醫也好，只要腳步踩得踏實、充實，自己知道日子從未虛過，那麼眼前一切世俗名利，功過財富，都只是一件件不足提說的小事。

所以，應謹記教授的旨意：「生命轉瞬消失，唯有抱持正確的態度與生活習慣，才能真正的擁有美麗人生。」

親愛的朋友，讓活得開心一點吧！

只要懂得堅持心中夢想，笑看橫逆，知道自己的生命意義為何，那麼無論我們以何種面貌或姿態出現世人眼前，都會是最耀眼的一顆星。

慾望少一點，快樂多一點

生命無法重來，唯有把握此刻當下，及時改正錯誤的生活態度與觀念，繼續的人生之旅，方能笑看美麗的風景。

人總是希望能滿足心中一時的慾求，然而滿足了之後，必會發現慾望變得更難以控制，越來越積極向我們討索。

自此，我們將與幽默漸行漸遠，越來越不快樂。

少一點慾望吧！單純少慾，才能得到最純粹的快樂。

有個老煙槍因為長期抽煙，導致肺部出了狀況，經常感到噁心想吐，逼得他不得不找醫生治療。

醫生告訴他：「你別再抽煙了，要不然這個情況會越來越嚴重！」

老煙槍聽了，只好乖乖配合，但不久之後，他又來找醫師，說道：「醫生，請你再幫我看一看，嘔吐症狀是不是由其他原因導致？」

醫師不解地問：「為什麼？」

「呃，因為我想，我如果能再嚼幾口煙草，抽幾根煙，也許能找到更多問題。」老煙槍說。

很妙的要求，卻也讓人忍不住感嘆，人們總是寧願以性命換取那麼一丁點的慾望滿足，仔細想想，多麼得不償失哪！

接下來我們再舉一例，或可得到更進一步的深思啓發：

有個男人說要戒煙好幾次，總是看不見成效。

這天，他又掏出了一根煙，神情愉悅地抽起來。

這時，身邊的好友立即提醒他：「喂，抽煙的壞處很多啊！這不只浪費錢，更傷身體。你想抽煙的時候，不如買兩根冰棒來替代。」

「我早試過了，可那冰棒怎麼也點不著呀！」男子說。

冰棒點不著，那生命呢？

生命似長猶短，多向前走一步，長度也跟著減少一步，我們當然要以最積極的態度保護自己。

不是所有慾望燃起時都得幫它止渴，好的慾望我們可以積極迎合，好比爲求健康，反之，不好的慾望，比方對名利的渴望、只爲滿足一時口腹之慾的想望，便應當適時制止，因爲就算解得了一時之渴，也解不了後續無止盡的需求。

凡事應多爲自己著想，也多爲關心自己的人想想。

生命無法重來，唯有把握此刻當下，及時改正錯誤的生活態度與觀念，繼續的人生之旅，方能笑看美麗的風景。

溝通智典

36

罵人不必帶髒字：幽默回應篇

作　　者　文彥博
社　　長　陳維都
藝術總監　黃聖文
編輯總監　王郡淩
出 版 者　普天出版家族有限公司
新北市汐止區忠二街 6 巷 15 號
TEL / (02) 26435033（代表號）
FAX / (02) 26486465
E-mail：asia.books@msa.hinet.net
http://www.popu.com.tw/
郵政劃撥 19091443 陳維都帳戶
總 經 銷　旭昇圖書有限公司
新北市中和區中山路二段 352 號 2F
TEL / (02) 22451480（代表號）
FAX / (02) 22451479
E-mail：s1686688@ms31.hinet.net
法律顧問　西華律師事務所・黃憲男律師
電腦排版　巨新電腦排版有限公司
印製裝訂　久裕印刷事業有限公司
出 版 日　2022（民 111）年 3 月第 1 版
ISBN◉978-986-389-811-5　　條碼 9789863898115

國家圖書館出版品預行編目資料

罵人不必帶髒字：幽默回應篇／
文彥博著.一第 1 版.一：新北市,普天出版
民 111.3 面；公分. -（溝通智典；36）
ISBN◉978-986-389-811-5（平裝）

普天之下・盡是好書
普天出版家族
Popular Press Family
凌雲文創
A-Plus Creative Company